AF599629

CATARATA

Rubén Garrido Yserte
y Héctor Casanueva (eds.)

Geopolítica de la educación superior

LA UNIVERSIDAD COMO ACTOR GLOBAL

Prólogo de José Vicente Saz Pérez

CATARATA

COLECCIÓN INVESTIGACIÓN Y DEBATE
SERIE: ANÁLISIS ECONÓMICO CON IMPACTO SOCIAL

GEOPOLÍTICA DE LA EDUCACIÓN SUPERIOR
LA UNIVERSIDAD COMO ACTOR GLOBAL

ISBN: 978-84-1067-419-6
DEPÓSITO LEGAL: M17.912-2025
THEMA: JNF/JNK/JNM

ÍNDICE

PRÓLOGO 9
por José Vicente Saz Pérez

INTRODUCCIÓN. PENSAR EL FUTURO, TRANSFORMAR
EL PRESENTE: LA UNIVERSIDAD COMO ACTOR GLOBAL 13
Rubén Garrido-Yserte y Héctor Casanueva

PRIMERA PARTE. UN MUNDO NUEVO, NUEVOS ESCENARIOS,
UN FUTURO POR CONSTRUIR 25

CAPÍTULO 1. LOS DESAFÍOS GLOBALES Y LAS AMENAZAS
EXISTENCIALES PARA LA HUMANIDAD 27
Concepción Olavarrieta

CAPÍTULO 2. EL PACTO PARA EL FUTURO: UNA RESPUESTA
MULTILATERAL DE LA ONU A LOS DESAFÍOS GLOBALES 44
Héctor Casanueva

SEGUNDA PARTE. LA CONSTRUCCIÓN DE UN MULTILATERALISMO EFICAZ DE MULTI-ACTORES: EL ROL DE LAS UNIVERSIDADES 57

CAPÍTULO 3. SOLIDARIDAD INTELECTUAL Y MORAL: LA EDUCACIÓN COMO BASE PARA LA PRESERVACIÓN DE LOS VALORES FUNDAMENTALES DE LA HUMANIDAD 59
María del Carmen Patricia Morales

CAPÍTULO 4. REIMAGINAR LA EDUCACIÓN SUPERIOR DESDE EL MULTILATERALISMO: HACIA UN FUTURO INCLUSIVO, SOSTENIBLE Y TRANSFORMADOR 69
Yuma Inzolia

CAPÍTULO 5. EL ROL DE LAS UNIVERSIDADES COMO ACTORES DE PAZ Y COOPERACIÓN INTERNACIONAL 86
Francisco Rojas Aravena y Emily Alfaro Rojas

CAPÍTULO 6. LA UNIVERSIDAD RESPONSABLE EN EL MARCO DE LOS ODS: UN AGENTE TRANSFORMADOR CLAVE EN UNA NUEVA GEOPOLÍTICA 101
Mª Jesús Such Devesa, Mª Jesús Salado García y Elena Mañas Alcón

TERCERA PARTE. UNIVERSIDADES PARA EL SIGLO XXI: DE LAS UNIVERSIDADES QUE TENEMOS A LAS UNIVERSIDADES QUE NECESITAMOS 111

CAPÍTULO 7. LA TRANSFORMACIÓN NECESARIA 113
Alfonso González Hermoso de Mendoza

CAPÍTULO 8. FORMAR PARA LA COMPLEJIDAD, UN DESAFÍO DE LA EDUCACIÓN DEL SIGLO XXI: PROSPECTIVA ESTRATÉGICA Y GESTIÓN DEL FUTURO 123
Xóchitl Arias González y Guillermina Benavides Rincón

CAPÍTULO 9. LA COMUNIDAD DE ESTUDIANTES, UNA VISIÓN DE PRESENTE Y FUTURO DE LA EDUCACIÓN SUPERIOR 139
Martina Bo

CAPÍTULO 10. UNIVERSIDAD CON PROPÓSITO: MEDIR Y FORTALECER SU VALOR SOCIAL COMO IMPERATIVO ESTRATÉGICO 150
María Teresa Gallo-Rivera y Rubén Garrido-Yserte

CAPÍTULO 11. LA UNIVERSIDAD COMO ARQUITECTA DE LA EQUIDAD DIGITAL: RETOS, BRECHAS Y RESPONSABILIDADES 166
Óscar Montes-Pineda y María Cristina Pineda de Carías

CAPÍTULO 12. LAS UNIVERSIDADES Y EL TERRITORIO, UN DESAFÍO DE DESARROLLO SOSTENIBLE 184
Yiem Ataucusi

CAPÍTULO 13. ENTRE EL SABER GLOBAL Y LA ACCIÓN LOCAL: EL ROL ESTRATÉGICO DE LA UNIVERSIDAD EN EL DESARROLLO REGIONAL 198
Rubén Garrido-Yserte y Natalia Usach

SOBRE LOS AUTORES Y LAS AUTORAS 215

PRÓLOGO

JOSÉ VICENTE SAZ PÉREZ
Rector de la Universidad de Alcalá

Vivimos tiempos de transformación profunda. La aceleración de los cambios en los planos tecnológico, ecológico, político y social nos enfrenta a una realidad de enorme complejidad, incertidumbre y riesgo. Pero también —y esto es crucial— de posibilidades inéditas. En este contexto desafiante, la Universidad no puede permanecer impasible ni aferrada a viejas rutinas. Está llamada a ser parte activa de la solución, a convertirse en un actor clave en la construcción de un futuro sostenible, justo e inclusivo.

Este libro que el lector tiene en sus manos, fruto del trabajo colaborativo impulsado por el Instituto Universitario de Análisis Económico y Social (IAES) de la Universidad de Alcalá, nace de esa convicción. La convicción de que las universidades no solo deben formar y generar conocimiento, sino también pensar estratégicamente su lugar en el mundo y actuar con responsabilidad ante los grandes desafíos que nos interpelan como humanidad.

El IAES, como centro de investigación interdisciplinar, ha promovido este proyecto editorial como parte de su compromiso con una visión crítica y transformadora de la educación superior. Lo hace desde una institución universitaria, la Universidad de Alcalá, con más de ocho siglos de historia, que ha sabido renovarse a lo largo del tiempo y que hoy apuesta firmemente por una universidad pública, comprometida socialmente, conectada globalmente y responsable con su entorno.

La obra reúne voces diversas, provenientes de distintas regiones, disciplinas y trayectorias. Todos sus autores comparten una preocupación común: la necesidad de repensar el papel de la Universidad en un mundo que atraviesa una transición, el paso a una nueva era. Esta noción que recorre las páginas del libro, alude a una transformación estructural en múltiples dimensiones: ecológica, económica, cultural, tecnológica y política. Una transformación que pone en jaque nuestras formas tradicionales de organizar el conocimiento, la gobernanza, el desarrollo y la convivencia.

La Universidad, como institución social, está profundamente implicada en esta transición. No es ajena ni neutra. De hecho, su historia ha estado siempre entrelazada con las grandes inflexiones del pensamiento y de la política. Desde sus orígenes medievales, como espacio de preservación y debate del saber, hasta su papel en la expansión del Estado moderno, la construcción de las naciones o la democratización del acceso al conocimiento, la Universidad ha sido tanto reflejo como motor de las sociedades que la albergan.

Hoy, sin embargo, muchas universidades parecen atrapadas en una paradoja. Por un lado, se les exige más que nunca: formar profesionales competentes, producir innovación, responder a las demandas del mercado laboral, adaptarse a la digitalización, internacionalizarse, mejorar sus *rankings*. Por otro lado, se ven tensionadas por la precarización de sus recursos, la burocratización de sus procesos, la estandarización de sus indicadores de calidad y, en muchos casos, por la pérdida de sentido de su misión pública. Esta tensión, que puede conducir al agotamiento institucional, requiere ser abordada con profundidad y perspectiva.

Este libro parte de esa inquietud, pero también de una certeza: que la Universidad tiene aún una enorme capacidad transformadora si es capaz de repensarse críticamente, de articularse con otros actores y de asumir su papel como constructora de futuro. Una universidad encerrada en sí misma no puede responder a los desafíos globales. Pero una universidad conectada, que escucha, que investiga con compromiso, que enseña con mirada ética, que innova desde el territorio y para el mundo, puede convertirse en uno de los pilares de una nueva arquitectura del bienestar global.

El lector encontrará en estas páginas una propuesta sólida, rigurosa y esperanzada. La estructura del libro —organizada en tres bloques temáticos— responde a un planteamiento integral. El primer bloque sitúa el contexto: la crisis multidimensional que vivimos, los riesgos existenciales a los que nos enfrentamos, los límites del modelo actual de desarrollo y las respuestas que se están formulando desde organismos internacionales como la ONU o la UNESCO. El segundo bloque se adentra en el papel que pueden desempeñar las universidades dentro de ese nuevo multilateralismo. Se exploran formas de solidaridad intelectual, cooperación académica y construcción de redes transnacionales. Se plantea la Universidad como actor geopolítico —una idea que todavía resulta provocadora para muchos—, con capacidad de incidir en los grandes debates de nuestro tiempo. Y un tercer bloque, donde se propone una mirada introspectiva: ¿qué tipo de universidades necesitamos para estar a la altura de esa responsabilidad? Aquí se abordan temas cruciales como la gobernanza universitaria, la participación estudiantil, la formación en competencias críticas, la evaluación del impacto social, la articulación con el territorio, la ética institucional. Son propuestas concretas, muchas de ellas inspiradas en experiencias reales, que nos invitan a avanzar hacia una universidad más justa, más abierta, más relevante y más humana.

Este libro, por tanto, no es solo una reflexión académica. Es también una invitación a la acción. A la acción colaborativa, intersectorial, intercultural. A la acción informada, rigurosa, comprometida. A la acción prospectiva, que no se limite a gestionar el presente, sino que se atreva a imaginar y construir futuros mejores. En ese sentido, es una obra profundamente universitaria: crítica, plural, abierta al diálogo, arraigada en el conocimiento, pero orientada al bien común.

Como rector de la Universidad de Alcalá, me siento profundamente honrado de que esta iniciativa haya surgido de nuestra comunidad académica. Y quiero agradecer especialmente al Instituto de Análisis Económico y Social por su liderazgo intelectual, su capacidad de convocatoria y su compromiso con una visión transformadora de la Universidad. En tiempos de fragmentación, apostar por el pensamiento colectivo y por una obra coral como esta es, en sí mismo, un gesto valiente y necesario.

También quiero felicitar a los autores y autoras de los distintos capítulos por su generosidad, por la calidad de sus aportaciones y por su voluntad de construir un horizonte común. Sus voces, tan diversas como complementarias, muestran que es posible dialogar desde distintas latitudes y disciplinas, y que ese diálogo es condición imprescindible para cualquier proyecto de futuro.

Finalmente, deseo que este libro circule, que sea leído, discutido, compartido. Que llegue a responsables políticos, a líderes académicos, a estudiantes, a ciudadanos comprometidos. Que inspire conversaciones, iniciativas, políticas públicas. Que no se quede en las estanterías, sino que se convierta en una herramienta para el cambio.

Porque necesitamos universidades que piensen el futuro y transformen el presente. Universidades que no se resignen, que no se limiten a adaptarse, sino que se atrevan a liderar. Universidades que comprendan que su papel no es solo reproducir conocimiento, sino también producir sentido, alimentar la esperanza y contribuir a la construcción de un mundo más habitable para todos.

Este libro es un paso en esa dirección. Y desde la Universidad de Alcalá, reafirmamos nuestro compromiso con esa tarea.

INTRODUCCIÓN

PENSAR EL FUTURO, TRANSFORMAR EL PRESENTE: LA UNIVERSIDAD COMO ACTOR GLOBAL

RUBÉN GARRIDO-YSERTE Y HÉCTOR CASANUEVA

1. EL FUTURO YA NO ES LO QUE ERA

Los primeros 25 años del siglo XXI marcan la transición hacia un cambio de época, que ya se venía gestando desde finales del siglo pasado, y que está por definirse en sus fundamentos y su arquitectura. Las transiciones ecológica, digital, geopolítica, de alcances y consecuencias globales, constituyen desafíos comunes. Los escenarios futuros que nos muestran los análisis prospectivos son muy preocupantes, a menos que seamos capaces de corregir el rumbo, el modelo de desarrollo y de recuperar la solidaridad y la cooperación como centro de un nuevo multilateralismo, inclusivo y eficaz. En este contexto, valores como los derechos humanos, la democracia, la protección social, la preservación de los bienes públicos globales y su acceso universal, la paz y la seguridad se encuentran en riesgo vital. Su deterioro afecta la estabilidad internacional y la supervivencia misma de la humanidad.

La incertidumbre, la complejidad, las amenazas estratégicas y existenciales son un signo de esta transición. Pero también existen ante nosotros grandes oportunidades brindadas por la revolución tecnológica, con potencialidad para aprovechar los innegables avances de crecimiento y bienestar, aún insuficientes, logrados por la comunidad internacional en las últimas décadas. Con una adecuada gobernanza global, es posible construir un desarrollo social, ambiental, económico, político y culturalmente sostenible para todos.

Es lo que insistentemente vienen señalando las organizaciones humanitarias, las ONG, centros de estudios y universidades de todos los continentes. La ONU ha recogido estas voces de alerta, sobre todo a partir del Informe de su secretario general, António Guterres, *Nuestra Agenda Común*; y del reciente Pacto para el Futuro, acordado en septiembre de 2023. También en la Cumbre de la Educación de 2022, y en las propuestas de la UNESCO sobre el futuro de la educación superior.

La acción de los gobiernos no basta. Los compromisos asumidos en acuerdos internacionales son cumplidos solo parcialmente. Un ejemplo es que los Objetivos de Desarrollo Sostenible (ODS) de la Agenda 2030 muestran solamente un 17% de avance y será imposible cumplir con los objetivos y las metas previstas. La sociedad civil tiene que jugar un papel más activo, debe ser reconocida y tener un espacio gravitante en la tarea común. Y las universidades, como parte de ella, pueden ser una fuerza global de valor geopolítico si, en el cumplimiento de sus funciones clásicas, se proyectan globalmente mediante una concertación entre sí, logran un entendimiento sinérgico y un compromiso como comunidad académica global para sustentar, como masa crítica intelectual, los esfuerzos por la construcción de un futuro sostenible.

Como comunidad, los datos son contundentes: en el mundo hay 26.000 universidades, con 254 millones de estudiantes y 18 millones de profesores. En el caso de la comunidad académica de América Latina, el Caribe y la Unión Europea, en el marco de la Asociación Estratégica birregional pactada en la Cumbre de Río de 1999, contamos en conjunto con 8.700 universidades (5.700 en la UE y 3.000 en ALC), 51 millones de estudiantes (20 millones en la UE y 31 millones en ALC) y 4 millones de profesores (1,5 millones en la UE y 2,5 millones en ALC).

2. ¿QUÉ ES LA UNIVERSIDAD COMO ACTOR GLOBAL?

Las universidades no flotan en el vacío; son instituciones históricas que responden, reflejan y también modelan las dinámicas sociales, económicas y políticas de su tiempo. Y este tiempo está marcado por una serie de transformaciones que no solo son profundas, sino también aceleradas y mutuamente entrelazadas. Vivimos un momento de transición civilizatoria. Un punto de inflexión donde los marcos conocidos se están reconfigurando a gran velocidad. Crisis, oportunidades, amenazas, riesgos, se manifiestan de forma interdependiente. Se trata de una constelación de desafíos sistémicos que se retroalimentan y que configuran lo que algunos autores han llamado una policrisis global (Lawrence *et al.* 2022; Tooze, 2022).

Un diagnóstico que no es apocalíptico, sino realista, nos invita a preguntarnos: ¿además de la acción de los gobiernos y los organismos multilaterales, qué tipo de instituciones necesitamos para enfrentarlo con inteligencia colectiva, con innovación social, con cooperación transnacional y con sensibilidad ética? La respuesta, para muchos de nosotros, apunta inevitablemente a la Universidad. Y este es el objetivo de esta publicación: mostrar que la Universidad ha de ser un actor global clave que ha de acompañar a la ciudadanía y a nuestras sociedades a navegar en las procelosas aguas del mundo actual. Pero no lo podemos hacer con cualquier universidad, sino con una que asuma su responsabilidad como espacio estratégico de anticipación, deliberación y acción. Una universidad que no solo reaccione, sino que sea capaz de construir horizontes en escenarios globales, contectada con sus entornos locales.

La noción de que la Universidad puede y debe ser un actor global supone un desplazamiento importante en la forma en que entendemos su rol en la sociedad. Tradicionalmente, las universidades han sido concebidas como instituciones al servicio del desarrollo nacional, guardianas del saber y formadoras de élites ilustradas. Esta visión, aunque válida en ciertos contextos históricos, resulta insuficiente para enfrentar los desafíos del siglo XXI. En un mundo interconectado e interdependiente, las universidades ya no pueden limitarse a operar como entes locales con proyección internacional; necesitan repensarse como nodos estratégicos de una red planetaria de conocimiento, ética y acción.

En este sentido, ser un actor global implica no solo tener presencia en redes internacionales, sino incidir activamente en la gobernanza de los grandes asuntos comunes de la humanidad: la sostenibilidad ecológica, la equidad digital, la inteligencia artificial, la justicia social, la paz y la democracia. Las universidades están en posición de generar pensamiento crítico, producir evidencia independiente, formar liderazgos comprometidos y contribuir a soluciones colectivas desde una lógica de bien público global.

Esta revalorización de su rol adquiere aún más urgencia en el actual contexto de debilitamiento del multilateralismo tradicional. La Agenda 2030, el Pacto para el Futuro propuesto por Naciones Unidas y los recientes llamados de la UNESCO a repensar los futuros de la educación coinciden en señalar la necesidad de un nuevo multilateralismo ampliado, donde actores no estatales —como universidades, redes científicas, comunidades académicas y movimientos estudiantiles— participen activamente en la construcción de agendas globales. La Universidad, por tanto, debe verse a sí misma no como una institución espectadora, sino como una fuerza de acción colectiva en esa arquitectura emergente.

3. TRANSFORMAR LA UNIVERSIDAD PARA TRANSFORMAR EL MUNDO

Reimaginar a la universidad como actor geopolítico del conocimiento no es una simple aspiración teórica. Se trata de reconocer su capacidad para articular saberes desde la diversidad, mediar entre culturas, construir lenguajes comunes entre ciencia y política, y generar confianza en sociedades marcadas por la fragmentación. Esto exige también nuevas formas de gobernanza institucional, mayor autonomía con responsabilidad, y un compromiso ético que coloque el bien común por encima de la competencia individual o la lógica de mercado.

Sin embargo, lo que observamos en muchos casos es una universidad desbordada por la urgencia, atrapada entre demandas contradictorias, instrumentalizada por lógicas de mercado o por intereses particulares. Reducida en sus misiones a la mera instrucción. Una universidad que corre el riesgo de perder su alma pública, de ser la constructora y garante de los bienes públicos globales.

Para entender la posición actual de la Universidad —sus potencialidades y sus límites— necesitamos pausa, reflexión y perspectiva. Necesitamos mirar hacia atrás. Las universidades son instituciones longevas. Han atravesado regímenes, revoluciones, guerras, transiciones tecnológicas y cambios culturales. Y, sin embargo, han persistido, transformándose y respondiendo, a veces con resultados variables, a las aspiraciones de las sociedades en las que se imbrican

A lo largo del siglo XX, y particularmente después de la Segunda Guerra Mundial, asistimos a un fenómeno sin precedentes: la masificación de la educación superior. De ser instituciones para minorías, las universidades se transforman en dispositivos centrales de movilidad social, de integración nacional y de producción científica al servicio del Estado del bienestar.

Pero ese modelo, sin duda exitoso en algunos aspectos, entró en crisis. A partir de los años 80, la globalización neoliberal, la mercantilización del conocimiento, la aparición de *rankings*, evaluaciones de impacto y lógicas de competencia interinstitucional empezaron a redefinir el ecosistema universitario, arrinconando a la Universidad es la esquina de la utilidad para el trabajo —¿qué trabajo?— o de la transferencia de la ciencia hacia el mundo empresarial. Se ha ido imponiendo una noción de universidad reduccionista, que calibra la complejidad de su misión a parámetros técnicos: número de publicaciones, patentes registradas, egresados empleados. Criterios útiles, sin duda, pero insuficientes para capturar el valor público, ético y civilizatorio que una universidad puede —y debe— encarnar en un mundo complejo y sometido a importantes incertidumbres que amenazan con socavar los valores y bienes públicos globales bajo un espejismo de progreso tecnológico que no garantiza, automáticamente, la mejora para la humanidad, sino el beneficio de unos pocos.

Es en este contexto actual donde este paradigma de la Universidad muestra signos de agotamiento. No porque haya fracasado en términos funcionales —aunque cada vez más se encuentra con dificultades de ser funcional cuando se es demasiado reduccionista—, sino porque resulta limitado ante los desafíos de una época que exige visión global, a largo plazo, pensamiento sistémico, capacidad de escucha intercultural y compromiso con el bien común.

En paralelo, asistimos a la emergencia de nuevos actores universitarios en regiones del sur global, que están desarrollando modelos híbridos, arraigados en sus realidades, con fuertes vínculos territoriales y vocación internacionalista. En África, en Asia, en América Latina, se multiplican experiencias de universidades comprometidas con la justicia social, con la descolonización del saber, con la innovación frugal, con la inclusión educativa.

Estamos, en cierto sentido, en una bifurcación histórica. Entre una universidad que reproduce estructuras de poder y otra que busca transformarlas; entre una universidad encerrada en sí misma y otra abierta al mundo. Esa es la tensión que acompaña hoy a toda reflexión seria sobre el futuro de la educación superior y su valor geopolítico, y el potencial de las universidades como actores globales.

Entonces cabe preguntarse: ¿Qué papel deben asumir las universidades frente a los grandes desafíos de nuestro tiempo? ¿Qué papel deben jugar hoy las universidades frente a los desafíos globales que definen nuestro presente y condicionan nuestro futuro? ¿Cuál es su responsabilidad cuando el cambio climático, la creciente desigualdad, la erosión democrática o la disrupción tecnológica ya no son escenarios hipotéticos, sino realidades tangibles que afectan directamente a nuestras comunidades, a nuestras instituciones y a nuestras formas de vida?

Durante décadas, hemos comprendido la universidad como un espacio de producción de conocimiento, de formación de profesionales, de conservación crítica de la cultura. Y esa definición sigue siendo válida. Pero ya no es suficiente. Hoy se nos exige más: que la universidad actúe como agente global, como motor de transformación social, como espacio de deliberación ética y como actor estratégico en la construcción de futuros sostenibles.

La Universidad, en tanto institución social, no puede mantenerse indiferente ante los grandes problemas que definen nuestra época. Y aquí conviene hacer una distinción importante: estar globalizado no es lo mismo que ser un actor global. Muchas universidades están internacionalizadas, pero no participan activamente en la resolución de los desafíos globales. Forman parte del mundo, pero no lo transforman.

Asumir el rol de actor global exige otras coordenadas. Implica producir conocimiento con impacto transnacional, sí, pero también con sensibilidad local. Implica formar ciudadanías globales críticas, capaces de comprender la interdependencia entre territorios, culturas y generaciones. Implica construir alianzas que no repliquen antiguas jerarquías, sino que promuevan simetrías epistémicas.

Pensemos, por ejemplo, en cómo una universidad puede contribuir a la justicia climática. No solo investigando tecnologías limpias, sino también incluyendo saberes indígenas sobre el territorio, articulando soluciones con gobiernos locales, cuestionando el modelo extractivista que muchas veces subyace al desarrollo científico.

O pensemos en el tema de las migraciones. ¿Qué rol juega la Universidad ante la expulsión de comunidades enteras por razones políticas o económicas? ¿Cómo acoge, escucha, integra a las personas desplazadas? ¿Qué relatos construye sobre ellas en sus aulas, en sus investigaciones, en su discurso institucional?

Desde esa perspectiva, ser un actor global no es solo una cuestión de posicionamiento institucional, sino de conciencia histórica. La Universidad debe preguntarse de qué lado de la historia quiere estar. Y debe construir, desde ahí, una voz propia, una ética de la responsabilidad, una práctica coherente. No se trata de abandonar el rigor académico, ni de sacrificar la excelencia investigadora. Se trata de orientarlas hacia fines más ambiciosos, más justos, más necesarios. Porque la autoridad moral de la Universidad en el siglo XXI no vendrá dada por sus medallas académicas, sino por su compromiso tangible con los problemas del mundo.

4. ¿POR QUÉ UN LIBRO COMO ESTE?

Consideramos que las universidades deben ponerse de acuerdo y constituirse conjuntamente en actores y factores de cambio, en conciencia crítica de la realidad y promotoras de escenarios prospectivos a los que orientar nuestras sociedades, influyendo en la toma de decisiones y el diseño de las políticas públicas, tanto a escala local, nacional y multilateral. La fuerza transformadora potencial de la educación superior es enorme y decisiva, es muy significativa para enfrentar la transición hacia un futuro sostenible, y no está suficientemente aprovechada. Tanto los Estados como las propias universidades deben tomar conciencia de ello.

Para abordar esta ambición, esta obra colectiva se organiza en tres bloques temáticos, que ofrecen al lector una hoja de ruta conceptual y práctica. Cada sección permite explorar un nivel distinto de análisis: desde el diagnóstico global hasta las propuestas concretas de transformación institucional. Esta estructura responde a la convicción de que no es posible transformar sin comprender y que toda comprensión crítica debe conducir a una acción comprometida.

La primera parte, "Un mundo nuevo, nuevos escenarios, un futuro por construir", ofrece un marco de referencia para comprender el momento histórico en que nos encontramos. Comienza con un análisis de las amenazas existenciales que pesan sobre la humanidad —cambio climático, polarización política, colapso democrático, avance tecnológico desregulado— y subraya la urgencia de una respuesta global coordinada. En esta sección se revisan también las grandes apuestas normativas e institucionales de nuestro tiempo, como la Agenda 2030, el Pacto para el Futuro de Naciones Unidas y el llamado a renovar el contrato social para la educación. Estas contribuciones sitúan las transformaciones en curso en un horizonte de transición civilizatoria, en el que los valores, las instituciones y los modelos de desarrollo están siendo puestos a prueba.

En este escenario, la segunda parte, "La construcción de un multilateralismo eficaz de multi-actores: el rol de las universidades", profundiza en la posibilidad de un nuevo multilateralismo que incorpore a las universidades como actores activos y no solo como observadores o beneficiarios del orden global. Se abordan aquí temas como la solidaridad intelectual y moral como fundamento de la cooperación internacional, las recomendaciones de la Cumbre de Transformación de la Educación organizada por la ONU en 2022, y la reinvención del sistema universitario a partir de alianzas regionales e internacionales. Se destaca especialmente el rol de las universidades como plataformas de paz, diálogo y resolución de conflictos, y como instituciones capaces de generar bienes públicos globales desde el conocimiento, la ética y la inclusión.

Este bloque pone el acento en la capacidad de las universidades para construir ecosistemas colaborativos con otros actores —gobiernos, organismos multilaterales, sociedad civil, empresas, medios—, generando agendas comunes orientadas a los desafíos del desarrollo sostenible. Las universidades, con su densidad institucional, legitimidad social y acumulación de saberes, pueden contribuir a reconstituir un multilateralismo de múltiples niveles: local, nacional, regional y global. Esta sección interpela tanto a los responsables de política pública como a los líderes académicos, para pensar juntos nuevas formas de diplomacia académica y de gobernanza basada en evidencia.

La tercera parte, "Universidades para el siglo XXI: de las que tenemos a las que necesitamos", propone un giro introspectivo, centrándose en las condiciones internas que permitirían a las universidades cumplir con el rol transformador que los tiempos demandan. Aquí se abordan cuestiones clave como la necesidad de formar en la complejidad, impulsar capacidades prospectivas, redefinir el gobierno universitario con participación estudiantil y fortalecer el compromiso social de las instituciones. Se destaca también la importancia de medir y visibilizar el valor social generado por las universidades, no solo en términos económicos, sino también culturales, medioambientales y democráticos.

Una de las principales aportaciones de este bloque reside en la crítica constructiva a las limitaciones del modelo universitario actual. A pesar de su retórica de compromiso, muchas universidades siguen operando con lógicas fragmentadas, burocratizadas y centradas en la reproducción interna de sus dinámicas. Se hace aquí un llamado a superar la brecha entre el discurso y la práctica, apostando por transformaciones institucionales profundas que alineen la misión académica con los grandes desafíos del siglo XXI.

Asimismo, se subraya la necesidad de revisar los marcos de evaluación, financiación y reconocimiento de la actividad universitaria, de modo que valoren efectivamente el impacto social, la transdisciplinariedad, el trabajo con comunidades y la capacidad de innovación orientada al bien común. La universidad del futuro no puede limitarse a competir por *rankings*, sino que debe colaborar por relevancia social, equidad y sostenibilidad.

En conjunto, este libro propone una mirada crítica pero esperanzada. Parte de un diagnóstico exigente sobre los límites del modelo vigente, pero también abre horizontes de posibilidad a partir de experiencias, ideas y compromisos concretos. Su apuesta no es solo reformar la Universidad, sino redefinirla como un actor global, articulador de saberes, constructor de sentido colectivo y coautor de futuros más justos, resilientes y habitables.

5. UNA INVITACIÓN A LA ACCIÓN COLECTIVA

Las ideas reunidas en este volumen no pretenden ofrecer soluciones definitivas ni modelos cerrados. Lo que proponen es algo más ambicioso y más humilde a la vez: crear las condiciones para una conversación global entre universidades, estudiantes, responsables públicos, investigadores, comunidades locales y organismos internacionales. Una conversación crítica, constructiva y orientada a la acción.

Este libro parte de una convicción profunda: que la Universidad aún tiene un papel decisivo que desempeñar en la reconstrucción del contrato social, en la defensa de la democracia, en la transición ecológica, en el desarrollo de tecnologías al servicio de lo humano, y en la ampliación de los derechos y las libertades. Pero esto solo será posible si se atreve a repensar sus formas de gobernanza, sus vínculos con el entorno, sus lógicas de evaluación, su cultura institucional. Si se atreve a transformarse.

Por eso, esta obra colectiva no es un fin en sí misma, sino el inicio de un proceso más amplio. Un proceso que exige un diálogo interregional, solidaridad intelectual, escucha activa y una renovada ética del compromiso. Cada capítulo aporta piezas distintas a ese mosaico: desde diagnósticos precisos hasta propuestas concretas, desde experiencias situadas hasta miradas estratégicas. Todas ellas convergen en una misma idea: que la Universidad puede ser —y debe ser— un actor clave en la construcción de futuros sostenibles.

Desde esta perspectiva, invitamos a los lectores y lectoras a no abordar este libro como un documento cerrado, sino como un instrumento de trabajo, como una caja de herramientas para pensar, debatir y actuar. Que pueda ser útil en aulas, rectorados, reuniones de redes universitarias, cumbres internacionales, gabinetes de política pública, o espacios de innovación social. Que contribuya a fortalecer la voz de las universidades como faros en la incertidumbre, como arquitectas de pactos posibles, como plataformas de esperanza concreta.

Porque si bien la Universidad no puede resolver por sí sola los grandes problemas del presente, nada verdaderamente transformador podrá hacerse sin ella.

BIBLIOGRAFÍA

Naciones Unidas (2021): *Nuestra Agenda Común: Informe del Secretario General*, https://n9.cl/plokwc.

— (2022): *Cumbre sobre la Transformación de la Educación: Declaración de visión del Secretario General*, https://n9.cl/m701q.

Lawrence, M.; Janzwood, S. y Homer-Dixon, T. (2022): What Is a Global Polycrisis? Discussion Paper, *Cascade Institute*, https://n9.cl/jyea3.

Tooze, A. (2022). Welcome to the world of the polycrisis, *Financial Times*, 28 de octubre.

UNESCO (2021a): *Reimagining our futures together: a new social contract for education*, https://n9.cl/eor5a.

— (2021b). *UNESCO Recommendation on Open Science*, https://n9.cl/rimbg.

PRIMERA PARTE

UN MUNDO NUEVO, NUEVOS ESCENARIOS, UN FUTURO POR CONSTRUIR

CAPÍTULO 1

LOS DESAFÍOS GLOBALES Y LAS AMENAZAS EXISTENCIALES PARA LA HUMANIDAD

CONCEPCIÓN OLAVARRIETA

Los 15 Desafíos Globales del Millennium Project son el resultado de un estudio que se realizó durante tres años a petición de la Universidad de las Naciones Unidas y culminó en el año de 1996. Este estudio se ha venido actualizando de manera sistemática desde hace 29 años por los cofundadores del Millennium Project, Jerome C. Glenn y Theodore J. Gordon.

FIGURA 1

LOS 15 DESAFÍOS GLOBALES DEL MILLENNIUM PROJECT

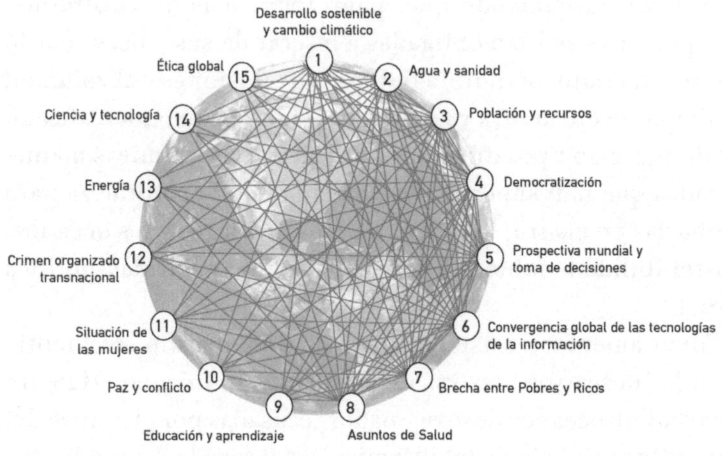

Fuente: The Millenium Project.

La originalidad de este estudio radica en el impacto holístico que tienen entre sí los 15 retos, identificando cuáles son los principales riesgos, amenazas y oportunidades a las que se enfrenta la humanidad y como afecta su evolución o involución para el desarrollo del mundo. Su naturaleza es transnacional y su solución es transinstitucional e interdisciplinaria.

En el año 2024, el Millennium Project en su Informe *State of the Future 20.0* publica un informe muy detallado sobre el estado que guardan cada uno de los 15 Desafíos Globales, a los cuales me referiré a continuación de manera sintética, incorporando también la incidencia que tienen en algunos de ellos las nueve Amenazas Existenciales y Estratégicas Globales (The Millenium Project, 2021) identificadas por Jerome C. Glenn.

DESAFÍO 1. DESARROLLO SOSTENIBLE Y CAMBIO CLIMÁTICO. ¿CÓMO SE PUEDE LOGRAR UN DESARROLLO SOSTENIBLE PARA TODOS MIENTRAS SE ABORDA EL CAMBIO CLIMÁTICO GLOBAL?

Si no se reducen a la mitad los gases de efecto invernadero (GEI) para el 2030, las consecuencias del calentamiento global serán catastróficas, propiciando que, para 2050, más de 200 millones de personas se vean obligadas a migrar de sus países. Por lo tanto, resulta imprescindible reducir las emisiones y el volumen del GEI que se encuentra ya en la atmósfera. Se han identificado cerca de 350.000 tipos diferentes de sustancias químicas manufacturadas que han superado la capacidad de la naturaleza para gestionarlas en el aire, la tierra, los ríos, los lagos y los océanos. La sostenibilidad ambiental se ha vuelto una prioridad política mundial.

Como amenazas existenciales para este desafío, se identifican a: las descargas masivas de sulfuro de hidrógeno (H_2S, un gas mortal) de océanos desoxigenados, causadas por el avance del calentamiento global y el debilitamiento del escudo magnético terrestre que nos protege de la radiación solar mortal.

Para mitigar estas amenazas, el Millennium Project propone 30 acciones referidas en general a: instrumentos financieros, investigaciones, alimentación vegetariana, producción de material genético sin criar animales, agricultura de agua y mar, adaptación y creación de ciudades ecointeligentes, plantación de árboles, fuentes de energía renovables, impuestos al carbono, opciones de geoingeniería, economía digital verde, la medición de los valores naturales y sociales, la remineralización del suelo para secuestrar el carbono, la inversión en métodos de eliminación del carbono, etc.

DESAFÍO 2. AGUA LIMPIA PARA TODOS. ¿CÓMO PODEMOS TENER SUFICIENTE AGUA LIMPIA PARA TODOS SIN CONFLICTOS?

El descenso de los niveles freáticos en todo el mundo provoca un incremento de las sequías continentales. Esta degradación ecológica es un factor muy influyente en el aumento de los conflictos humanos si tenemos en cuenta que aproximadamente un 40% de la población global obtiene agua a través de cuencas hidrográficas de otros paises. Alrededor de 3.500 millones de personas no tienen servicios de saneamiento y 1.900 millones carecen de servicios básicos de higiene. Si se desarrolla la agricultura salina a lo largo de las costas baldías, hay posibilidades de secuestrar el CO_2 del aire y producir algas para el cultivo de carne sin animales. El mercado de desalinización aumentará a 32.000 millones para 2027.

El Millennium Project identificó 17 acciones para abordar este desafío, dentro de las cuales figuran las siguientes: utilizar el sistema de alerta temprano, invertir en investigación y desarrollo para reducir el costo de la desalinización y para productos derivados como fertilizantes, algas y recuperar nitrogeno y fósforo, acceso universal al agua y saneamiento, mejorar la gestión del agua de lluvia, invertir en desarrollo agrícola con agua salada, instalaciones hidropónicas, acuapónicas y de agricultura urbana, desarrollar tecnologías para purificación del agua y para oleoductos que transporten el agua, etc.

DESAFÍO 3. POBLACIÓN Y RECURSOS. ¿CÓMO SE PUEDEN EQUILIBRAR LA POBLACIÓN Y LOS RECURSOS?

Para 2050, el aumento de la población a 10,4 millones generará una demanda sin precedentes de alimentos agua, energía, tierra, construcción y empleo. La Organización de las Naciones Unidas para la Alimentación y la Agricultura (FAO, por sus siglas en inglés) estima que la producción de alimentos tendría que aumentar un 70%. La esperanza de vida se estima que será de 77 años. Alrededor del 40% de la tierra del mundo está degradada. Se necesitará una inteligencia artificial conectada al Internet de las Cosas y a las redes de sensores para allegar información real sobre el uso del suelo, la reparación y mejora urbana y la participación ciudadana. Si se elimina al intermediario (los animales) y se produce material genético para reproducir animales se reducirán las emisiones de CO_2 y las necesidades de agua energía y tierra.

El Millennium Project sugiere 24 acciones para abordar este desafío, que se refieren principalmente a: desarrollar el teletrabajo para enlazar a las generaciones con altos ingresos con los jóvenes de bajos ingresos, financiar la planificación agrícola, invertir en agricultura vertical, integrar sensores urbanos, redes de malla y *software* inteligente, mejorar la supervivencia infantil, planificación familiar y la educación de las niñas, capacitar y educar en ecología de sistemas urbanos, resiliencia, predicción y gestión de desastres, invertir en agricultura y acuacultura de precisión, inteligentes y digitales; ingeniería genética, tecnologías de gestión eficiente, plantar pastos marinos, extraer minerales oceánicos, producir insectos, construir ciudades flotantes para la energía eólica y solar oceánica, la agricultura y las piscifactorías, acelarar la investigación y desarrollo de la nanotecnología, optimizar sistemas de pensiones, impulsar innovaciones vía la colonización marina, fomentar el transporte público, el uso de la bicicleta y espacios públicos, etc.

DESAFÍO 4. DEMOCRATIZACIÓN. ¿CÓMO PUEDE SURGIR UNA DEMOCRACIA GENUINA DE REGÍMENES AUTORITARIOS?

El 70% de la población mundial está gobernada por autocracias. Freedom House y Reporteros sin Fronteras documentan la disminución de la libertad de prensa. La democratización está amenazada por la delincuencia organizada, el terrorismo, la corrupción, la desinformación y la manipulación electoral. Banco Mundial estima que los sobornos a funcionarios públicos ascendieron a 2,6 billones de dólares.

El Millenium Project propone 14 acciones para abordar este desafío, dentro de las cuales figuran: basarse en el Pacto Digital de la Cumbre Mundial del Futuro, promover la transparencia, la participación, la inclusión y la rendición de cuentas, mejorar la educación cívica, experimentar nuevos métodos democráticos como la democracia líquida, la democracia 4.0 y *polis*, etc... e incluir las 10 lecciones de la investigación Devex.

DESAFÍO 5. PROSPECTIVA GLOBAL Y TOMA DE DECISIONES. ¿CÓMO SE PUEDE MEJORAR LA TOMA DE DECISIONES INTEGRANDO UNA MEJOR PREVISIÓN GLOBAL DURANTE UN CAMBIO ACELERADO SIN PRECEDENTES?

La prospectiva global y los sistemas de toma de decisiones mundial rara vez se emplean. Por ello el secretario general de la ONU propuso en Nuestra Agenda Común un órgano de prospectiva de múltiples partes interesadas. Los sistemas de gobernanza actual no se adaptan a la creciente interdependencia global y cambios tecnológicos. La Planificación Estratégica de las Naciones Unidas y el Laboratorio de Futuros son la plataforma para que las agencias de la ONU se coordinen mejor e intercambien buenas prácticas. La humanidad requiere una visión global, multifacética y general con objetivos a largo plazo.

El Millennium Project sugiere 14 acciones para abordar este desafío, referidas principalmente a: establecer comités parlamentarios nacionales permanentes para el futuro, mejorar las unidades de estrategia futura, vincular las unidades gubernamentales con unidades de estrategia corporativa de la ONU y académicas, crear una red de futuristas gubernamentales y no gubernamentales, realizar anualmente los índices del Estado del Futuro nacionales y globales, desarrollar sistemas nacionales de inteligencia colectiva en línea para el futuro de la nación de acceso a todos, crear un sistema de inteligencia colectiva clasificado, realizar un informe anual del Estado del Futuro para determinar asignaciones presupuestales gubernamentales, enseñar en la toma de decisiones: previsión, riesgo, incertidumbre, psicología, teoría de juegos, historias existosas y posibles crisis futuras; probar iniciativas políticas sobre eventos fuuros; enseñar en todos los niveles educativos toma de decisiones a partir de previsión, investigación de futuros y síntesis, incluir riesgos existenciales en los informes de Riesgo Global de la ONU, establecer una red de futuristas disponibles, etc.

DESAFÍO 6. CONVERGENCIA GLOBAL DE LAS TECNOLOGÍAS DE LA INFORMACIÓN Y LA COMUNICACIÓN. ¿CÓMO PUEDEN LA INFORMACIÓN GLOBAL, LAS TECNOLOGÍAS DE LA COMUNICACIÓN, LA INTELIGENCIA ARTIFICIAL, EL BIG DATA Y LA COMPUTACIÓN EN LA NUBE FUNCIONAR PARA TODOS?

Han comenzado las carreras del sistema nervioso global de la civilización y el poder de la supercomputación, y la inteligencia artificial. Los tres tipos de la inteligencia artificial son la estrecha de propósito único, la general adaptable a multiples propósitos que reescribe su propio código y la superinteligencia artificial que establece sus propios objetivos al margen de los humanos. AI Alliance se ha creado para generar las regulaciones y gobernanza adecuada de la inteligencia artificial segura. Las computadoras cuánticas podrán entrenar y ejecutar modelos de IA, mientras que los algoritmos hacen más eficiente la computacion cuántica. Se estima que la teleeducación crezca a un billón de dólares para 2027. La ciberdelincuencia alcanzará para 2025 aproximadamente 10,5 billones de dólares.

La principal amenaza existencial detectada fue la pérdida de control sobre las futuras formas de tecnología artificial.

El Millennium Project plantea 13 acciones para abordar este desafío, entre las cuales se aprecian: diseñar la gobernanza global para las condiciones inciales y el rendimiento de la IAG, acuerdos inernacionales sobre estándares de seguridad del Internet de las Cosas y los protocolos de reparación, modelos de gobernana global de la IAE a la IAG, sistemas nacionales públicos de inteligencia colectiva global para agua, energía, alimentos, ciencia y tecnología para conectarlos al sistema global, descifrar y desbloquear ordenadores sometidos a ataques de rescate, sinergias entre el personal de ciberseguridad gubernamental y los hackers; telenaciones y teleciudadanos, tratado de la ONU sobre ética en internet, directrices de la UNESCO para gobernanza de palataformas digitales, etc.

DESAFIO 7. BRECHA ENTRE LA POBREZA Y LA RIQUEZA. ¿CÓMO SE PUEDEN FOMENTAR ECONOMÍAS DE MERCADO ÉTICAS PARA REDUCIR LA BRECHA ENTRE RICOS Y POBRES?

Se espera que la pobreza extrema siga disminuyendo aunque no alcance la meta prevista por los ODS. 110 países en desarrollo viven en pobreza multidimensional aguda. Las migraciones aumentan por el calentamiento global continuo, las sequías, las guerras internas y la escasez de alimentos y agua. Crear nuevos enfoques para la economía, las inversiones y la naturaleza del trabajo para revertir la tendencia de que se amplienllas brechas de ingresos: el 10% más rico posee el 86% de la riqueza mundial y el 1% más rico posee el 44% de la riqueza mundial. Se necesita un plan estratégico a largo plazo para desarrollar una alianza gobal entre ricos y pobres. La IA y otras tecnologías reducirán los costos de la educación, el transporte y la atención médica. Generar impuestos fiscales para los robots y otras tecnologías emergentes para hacer posible financieramente sostenible la renta básica universal. Hay que perseguir con rigor los abusos y la corrupción en la economía de mercado, etc.

El Millennium Project considera 21 acciones para abordar este desafío. Dentro de ellas se seleccionaron las siguientes temáticas: financiar el desarrollo de productos terminados en las regiones más pobres, programas de capacitación para encontrar y desarrollar mercados globales, impuesto al patrimonio y las leyes de sucesiones, prohibir paraísos fiscales, explorar programas de renta básica universal y su financiamiento, gravar las nuevas tecnologías, el carbono y las transferencias financieras internacionales, invertir en *crowdsourcing*, enseñar análisis sinérgico y competitivo, sistemas de transacción alternativos, sistemas de microcrédito y crédito, centros comunitarios para acceder a tecnologías avanzadas, enfásis educativo en la ciencia, la tecnología, la ingeniería y las matemáticas, formación continua y reciclaje profesional, educación superior para todos, avatares personales para fomentar autoempleo, fronteras laborales relacionadas con la próxima revolución biológica, datos de tecnologías laborales, empresariales y gubernamentales, etc.

DESAFÍO 8. AMENAZAS CONTRA LA SALUD. ¿CÓMO SE PUEDE REDUCIR LA AMENAZA DE ENFERMEDADES NUEVAS Y REEMERGENTES Y DE MICROORGANISMOS INMUNES?

Se acordó en el G-20 crear en el Banco Mundial el Fondo Mundial de Preparación para Pandemias. El cambio climático es la mayor amenaza para la salud. Están incrementándose las nuevas superbacterias sin que la producción de los nuevos antibióticos vaya a su ritmo. Las inversiones en *software* para la telemedicina y telesalud, robótica, inteligencia artificial e Internet de las Cosas aumentan. El gasto mundial en salud aumentó al 10,3% de la economía mundial.

La principal amenaza existencial para este desafío son las nuevas pandemias incontrolables y más graves.

El Millennium Project propone 16 acciones para abordar este Reto, cuyas características principales son: el que el sector salud realice ejercicios para pandemias más probables, implementar el Plan de Acción Mundial sobre Vacunas, incrementar la financiación mundial, centrarse en la detección temprana, aumentar la telemedicina y sus diagnósticos con IA, mejorar el uso de tecnologías sanitarias vía las empresas y las ONG, más inversión en monitarización de los riesgos para la salud, ADN sintético en línea para contrarrestar los esfuerzos bioterroristas por obtener y convertir cepas peligrosas, etc.

DESAFÍO 9. EDUCACIÓN Y APRENDIZAJE. ¿CÓMO PUEDEN LA EDUCACIÓN Y EL APRENDIZAJE HACER QUE LA HUMANIDAD SEA MÁS INTELIGENTE, CULTA Y SABIA PARA AFRONTAR SUS DESAFÍOS GLOBALES?

La inteligencia artificial potenciará la inteligencia humana ayudándole con mejores maneras de aprendizaje. Para 2032, se prevé que su participación en la educación sea superior a los 30.000 millones de dólares. El aprendizaje electrónico se espera que supere a los 370.000 millones de dólares para 2026. Se está trabajando en aumentar la inteligencia humana vía los avances en la ciencia cognitiva y la investigación cerebral. Los ministerios de Educación deberán declarar el aumento de la inteligencia como un objetivo nacional en la educación. La ética, los valores, las responsabilidades ciudadanas y comportamiento humano deben ser considerados en el aprendizaje de nuevas capacidades tecnológicas. La mejora en la educación propicia la mejora en los procesos democráticos.

El Millennium Project previó 10 acciones principales para abordar este desafío, dentro de las cuales destacan: el aumento de la inteligencia individual colectiva debe ser un objetivo nacional, promover el aprendizaje permanente en línea, financiar la investigación y desarrollo en la evolución simbiótica de la IA con los seres humanos, crear un aprendizaje que potencie al ser humano a partir de su propio ritmo basado en la indagación, la autorrealización, el desarrollo de su creatividad, el pensamiento crítico, las relaciones humanas y las habilidades socioemocionales, la filosofía, el emprendimiento, el arte, el autoempleo, la ética y los valores; transitar del dominio de una profesión al dominio de combinación de habilidades, explorar modelos alternativos de educación y aprendizaje, etc.

DESAFÍO 10. PAZ Y CONFLICTO. ¿CÓMO PUEDEN LOS VALORES COMPARTIDOS Y LAS NUEVAS ESTRATEGIAS DE SEGURIDAD REDUCIR LOS CONFLICTOS ÉTNICOS, EL TERRORISMO Y EL USO DE ARMAS DE DESTRUCCIÓN MASIVA?

La naturaleza de la guerra se ha transformado en tres tipos: 1) terrorismo trasnacional y local, 2) intervención inernacional, incluyendo ejércitos privados en guerras internas y 3) guerra cibernética y de información. La Organización para la Cooperación y el Desarrollo Económicos (OCDE) dice que el 23% de la población mundial vive en contextos frágiles. Aumentarán los ataques cibernéticos de gobiernos y el crimen organizado contra otros gobiernos, corporaciones e individuos. La prevención de conflictos garantiza el acceso equitativo a servicios gubernamentales, gobernanza transparente y responsable, reducción de la corrupción, circulación libre de la información, mediación discreta, derechos de las minorías, ayuda económica, diálogos interreligiosos, etc.

La principal amenaza existencial es la escalada de la guerra nuclear.

El Millennium Project sugiere 29 acciones para abordar este desafío, entre las cuales se encuentran: enseñar en las escuelas de relaciones internacionales y de negocios las relaciones sinérgicas entre las naciones y la inteligencia, la ventaja y la estrategia sinérgicas; la creación y utilización de modelos de simulación interactivos en línea para crear un futuro pacífico; integrar en programas de medios de comunicación, educación y entretenimiento las estrategias para la resolución de conflictos que funcionan o fracasan; utilizar procesos participativos para generar escenarios de paz; integrar a las mujeres en la reducción de conflictos y mantenimiento de la paz; educar a las personas sobre su papel en ciberseguridad; sistemas de inteligencia artificial que mejoren el juicio humano y reduzcan las tensiones en los conflictos, etc.

DESAFÍO 11. SITUACIÓN DE LA MUJER. ¿CÓMO PUEDE EL CAMBIO DE ESTATUS DE LA MUJER AYUDAR A MEJORAR LA CONDICIÓN HUMANA?

Empoderar a las mujeres propicia la evolución social. El Índice de Igualdad de Género de 2023 mostró las siguientes reducciones en las brechas de: 67% género, 96% salud y superviviencia, 95% logros educativos, 60% participación económica y oportunidades y 22% empoderamiento político. Su presencia laboral es del 61% vs. 91% de los hombres y 15% en puestos en consejos directivos mundiales. Resulta indispensable cambiar las estructuras sociales discriminatorias para que las mujeres puedan avanzar.

El Millennium Project identificó 15 acciones para abordar este desafío. Dentro de ellas destacan: cambiar las estructuras sociales, fomentar la educación de las niñas en ciencia, tecnología, ingeniería, y matemáticas (STEM, por sus siglas en inglés) e innovación; incentivar a las universitarias a crear sus propios negocios; eliminar la segregación empresarial y sectorial, propiciar la participación de las mujeres en las negociaciones de paz; garantizar el derecho de las mujeres a la propiedad de la tierra; financiación y toma de decisiones sobre su cuerpo; combatir los estereotipos de género en los medios, incorporar artes marciales en las clases de eduación física para niñas en primaria y secundaria, prevenir la trata de mujeres, etc.

DESAFÍO 12. CRIMEN ORGANIZADO TRANSNACIONAL. ¿CÓMO SE PUEDE IMPEDIR QUE EL CRIMEN ORGANIZADO TRANSNACIONAL SE CONVIERTA EN UNA EMPRESA MÁS PODEROSA Y SOFISTICADA?

Se estima que el crimen organizado transnacional genera alrededor de 10 billones de dólares anuales y representa entre el 3% y el 7% del PIB anual del mundo, lo que significaría más del doble de todos los presupuestos militares. Hay sospechas de que los gobiernos contratan a ciberdelincuentes para la guerra de información que afectan elecciones nacionales. Se están difuminando las distinciones entre crimen organizado, insurgencia y terrorismo. El 50% de los medicamentos que se venden en línea son falsificados. Es necesario establecer un sistema de enjuiciamiento financiero contra los delincuentes del Crimen Organizado Transnacional (COT), definidos por el monto del dinero blanqueado, por medio de su arresto en un tercer país. Implantar mundialmente la Arquitectura del Empoderamiento de Protección de datos personales.

El Millennium Project identificó 12 acciones contra este desafío, cuyas principales características son: estudio de viabilidad de persecución financiera del crimen organizado transnacional, utilizar IA DarkBERT para combatir la delincuencia organizada, implementar a nivel global sistemas digitales nacionales más seguros e integrados como el Aadhaar, los UPI y el DEPA. Incluir a la delincuencia organizada, como un crimen de lesa humanidad, reconocido por la Corte Penal Internacional, etc.

DESAFÍO 13. ENERGÍA. ¿CÓMO SE PUEDE SATISFACER DE FORMA SEGURA Y EFICIENTE LA CRECIENTE DEMANDA DE ENERGÍA?

Para satisfacer la demanda mundial en 2050 se necesitará más electricidad para la población al igual que para las nuevas demandas derivadas de la electrificación del transporte, calefacción/refrigeración, inteligencia artificial y computación cuántica. Se espera que para ese año, las fuentes renovables y la eficiencia energética sigan aumentando, sin embargo, es improbable que las renovables sustituyan por completo a los combustibles fósiles. Han surgido ideas interesantes producto de la investigación y el desarrollo, tales como: energía fotovoltáica en aerosol, baterías metálicas que respiran aire, baterías recargadas por el calor y el movimiento del cuerpo, reacondicionamiento de emisores de CO2 para la captura y reutilización del carbono, carreteras y tejas con paneles solares, IA que mejore la eficiencia, integración de microredes y energía solar doméstica, producción de hidrógeno a partir de plantas mediante biología sintética, halófitas, granjas y paneles solares, energía eólica de gran altitud, sistemas geotérmicos mejorados, bombillas fluorescentes, etc.

El Millennium Project propone seis estrategias, tales como: crear un fondo internacional de investigación y desarrollo que invierta en las ideas interesantes, eliminar subsidios a combustibles fósiles, trabajar con la Agencia Internacional de Energías Renovables (IRENA) para armonizar las regulaciones y estándares y establecer un sistema de inteligencia colectiva para la energía, etc.

DESAFÍO 14. CIENCIA, TECNOLOGÍA E INNOVACIÓN. ¿CÓMO SE PUEDEN ACELERAR LOS AVANCES CIENTÍFICOS Y TECNOLÓGICOS PARA MEJORAR LA CONDICIÓN HUMANA?

Es necesario un sistema global de inteligencia colectiva en beneficio de la humanidad. La condición humana está mejorando gracias a la ciencia y la ingeniería computacionales, la inteligencia artificial, los flujos de trabajo de investigación automatizado y los protocolos comunes de bases de datos. Hay avances notables en la superconductividad, la epigenómica, el uso médico de la impresión Bio3D y la compresión de la materia oscura y los orígenes del universo. Los robots industriales en funcionamiento ascienden a cerca de tres millones y se estima que la cifra crezca a 400.000 por año. La fotosíntesis artificial masiva que se está desarrollando podrá obtener nuevas formas de energía y materiales para absorber el CO_2. Es necesario desarrollar políticas que incentiven a la ciencia y la tecnología para abordar los desafíos globales, ya que no existe capacidad global para su evaluación tecnológica. La ONU, a través del Laboratorio de Futuros, elaborará informes periódicos de previsión estratégica y riesgos globales.

Los riesgos existenciales detectados para este desafío son: la nanotecnología maliciosa (incluido el problema de la masa gris), el accidente de acelerador de partículas, las explosiones de rayos gamma y la colisión de asteroides.

El Millennium Project recomienda para atender a este desafío 11 acciones, relativas a: un sistema global de inteligencia colectiva para la ciencia y la tecnología, la concesión de licencias nacionales vía condiciones, normas y directrices iniciales adecuadas, crear una Convención de la ONU sobre regulación sintética, aprobar leyes para enjuiciar a los *trolls* de patentes, multar a quienes generen desechos orbitales, nuevos sistemas de seguridad informática que la computación cuántica no puede acceder, incrementar la colaboración universitaria y gubernamental en ciencia y tecnología, etc.

DESAFÍO 15. ÉTICA GLOBAL. ¿CÓMO SE PUEDEN INCORPORAR DE FORMA MÁS RUTINARIA LAS CONSIDERACIONES ÉTICAS EN LAS DECISIONES GLOBALES?

Ante los riesgos del cambio climátco, el COVID-19 y el desarrollo de la inteligencia artificial, la humanidad está aumentando su conciencia de que debe mejorar sus sistemas de gobernanza global. Se están creando estándares, métricas y métodos para evaluar y auditar los valores éticos de la IA. Las normas internacionales de estandarización y los tratados internacionales están impulsando la ética global. La UNESCO está trabajando sobre ética de la neurotecnología. El Pacto Mundial de la ONU está reforzando la ética en la toma de decisiones empresariales. Hay indicios de una ecología de sistemas de rendición de cuentas para desarrollar y hacer cumplir una ética global. Las cuestiones éticas son fundamentales tanto en la enseñanza como en la práctica de las tecnologías actuales y emergentes.

El Millennium Project sugiere para abordar seriamente este desafío la implementación de 18 acciones, cuyas principales características son: promover memes éticos en los medios, auditar los supuestos éticos en los algoritmos de IA, disuadir o prevenir la ciberguerra y la guerra de la información mediante un sistema de anticipación del sector privado con intervención pública, reducir la corrupción, enseñar educación ética y ciudadanía responsable a todos los estudiantes, así como inteligencia, ventaja y estrategia sinérgicas competitivas en las escuelas de negocios y diplomacia; en los curricula escolares, integrar el pensamiento a largo plazo y los estudios de futuro; desarrollar nuevos contratos sociales. Implementar politicas de transparencia. Pasar de la geopolítica de poder de suma cero a la relaciones sinérgicas, etc.

CONCLUSIONES

1. El involucramiento de todos en los 15 Desafíos Globales y las Amenazas Existenciales para la Humanidad, implica un sentido de oportunidad inigualable como actores para construir un mejor futuro para todos.
2. Los 15 Desafíos Globales nos muestran las amenazas y los riesgos, pero también los pasos positivos que pueden ayudar a corregir la tendencia de cada uno de ellos y su impacto holístico en beneficio de todos.
3. Los 15 Desafíos Globales constituyen una oportunidad inigualable para los estudiosos del futuro para adentrarse con una visión diferente en su aproximación a la prospectiva global.
4. Los 15 Desafíos Globales han sido retomados por las Naciones Unidas en los 8 Objetivos de Desarrollo del Milenio y los 17 Objetivos de Desarrollo Sostenible.

TABLA 1

LA CORRESPONDENCIA ENTRE LOS RETOS GLOBALES Y LOS OBJETIVOS DE DESARROLLO SOSTENIBLES

MP: 15 RETOS GLOBALES	ONU: 17 OBJETIVOS DE DESARROLLO SOSTENIBLE
1. Desarrollo sustentable y cambio climático	1, 2, 3, 6, 7, 8, 9, 11, 12, 13, 14, 15
2. Agua limpia	6, 12, 14, 15
3. Población y recursos	2, 7, 11, 12, 15
4. Democratización	4, 5, 8, 10
5. Prospectiva global y toma de decisiones	8, 17
6. Convergencia global de la TIC	8, 9, 10
7. Brecha entre la pobreza y la riqueza	4, 5, 8, 10
8. Salud	3, 8, 9, 10
9. Educación y aprendizaje	4, 5, 8, 10
10. Paz y conflicto	7, 8, 10, 12, 16
11. Situación de la mujer	4, 5, 10
12. Crimen organizado transnacional	7, 9, 12, 16
13. Energía	7, 9, 12
14. Ciencia y tecnología	7, 8, 9, 12
15. Ética global	4, 8, 9, 10, 16, 17

Fuente: The Millenium Project.

5. El Nodo Mexicano. El Proyecto Milenio, A.C. ha utilizado el marco conceptual de los 15 Desafíos Globales con gran éxito, tanto en la creación del Premio del Milenio y del Premio del Milenio Mundial para niños, jovenes y

maestros —con una penetración en 130 países del mundo con mas de siete millones de consultas a su sitio web[1]—, como en la publicación de sus libros *Futuros México hacia 2050* y *Latinoamérica 2050. Retos, Escenarios y Acciones*. Ambos libros son modelos replicables tanto en el ámbito nacional como regional.

BIBLIOGRAFÍA

GLENN, J. *et al*. (2024): *State of the Future 20.0*, The Millennium Project.

GLENN, J. (2023): Zero-Sum Power Politics vs. Synergetic Politics for Human Security, CADMUS, *Promoting Leadership in Thought that leads to action*, vol. 5, nº 2.

OLAVARRIETA, C., GÁNDARA, G. y MATTAR, J. (2021): *Futuros México hacia 2050*, Penguin Random House Grupo Editorial.

— (2023): *Latinoamérica 2050. Retos, Escenarios y Acciones*, Universidad Franz Tamayo.

THE MILLENNIUM PROJECT (2021): "Examples for the UN Office of Strategic or Existential Threats", Carta al SG de la ONU.

1. Veáse https://n9.cl/i7mo8.

CAPÍTULO 2

EL PACTO PARA EL FUTURO: UNA RESPUESTA MULTILATERAL DE LA ONU A LOS DESAFÍOS GLOBALES

HÉCTOR CASANUEVA

1. LAS NACIONES UNIDAS Y LOS DESAFÍOS GLOBALES

La Carta de las Naciones Unidas, firmada en 1945, es el documento fundacional de la organización y establece las reglas para la cooperación internacional. Sus propósitos y principios están diseñados para promover un mundo más seguro y justo. Las causas que le dieron origen ya las conocemos: dos guerras mundiales comenzadas en Europa, pobreza y desigualdad globales generadas por la Revolución Industrial, analfabetismo y explotación, imperialismo y marginalidad de la mayoría de los países.

Los propósitos consagrados en la Carta son: mantener la paz y la seguridad internacionales, fomentar relaciones de amistad, promover la cooperación internacional, fomentar el respeto a los derechos humanos y las libertades fundamentales, y ser un centro de armonización. Y sus principios: igualdad soberana de los miembros: todos los Estados miembros tienen los mismos derechos y deberes, sin importar su tamaño o poder. Cumplimiento de buena fe de las obligaciones: los miembros deben cumplir sus compromisos adquiridos en la Carta. Arreglo pacífico de controversias: las naciones deben resolver sus conflictos de forma pacífica para no poner en peligro la paz y la seguridad internacionales. Abstención de la amenaza o el uso de la fuerza: los Estados no pueden recurrir a la amenaza o al uso de la fuerza contra la integridad territorial o la independencia política de otro Estado. Asistencia a la Organización: los miembros deben prestar ayuda a la ONU en cualquier acción que esta realice conforme a la Carta y abstenerse de ayudar a cualquier Estado contra el que la ONU esté tomando medidas preventivas o coercitivas. No intervención en asuntos internos: la ONU no puede intervenir en asuntos que son competencia exclusiva de la jurisdicción interna de un Estado, a menos que se trate de una acción coercitiva para mantener la paz.

Es el fundamento del multilateralismo, cuyo principal efecto es la protección en el marco internacional de los Estados más débiles frente a los más fuertes. La igualdad jurídica entre los Estados es la garantía de la convivencia y la solución pacífica de las diferencias. Sin embargo, todos sabemos que estos propósitos y principios son vulnerados, por algunos más que por otros, y que la ONU carece de capacidad coercitiva para hacerlos cumplir. Todo queda entregado al honor de los Estados. Es cierto que el multilateralismo de post II Guerra Mundial y post Guerra Fría, ha traído múltiples beneficios, aún con sus debilidades, pero es evidente que ya entrado el siglo XXI el sistema está agotado. Quedó claro con la pandemia, las crisis políticas, nuevas guerras, el avance del cambio climático, el retroceso en la estabilidad geopolítica, la seguridad y defensa.

De los 51 Estados que dieron forma al sistema hemos pasado a 193, que en lo declarativo, unidos en la diversidad, tenemos principios y objetivos comunes globales para beneficio de la humanidad. Ahora, el sistema multilateral es mucho más que un conjunto de Estados, porque se han incorporado, gracias a la globalización, nuevos actores del mundo social, sindical, académico, las ONG, que han horizontalizado las relaciones internacionales y buscan influir en la agenda global para mantener esencialmente el respeto a los derechos humanos y los objetivos centrales de paz, desarrollo y cooperación. Este es el multilateralismo que hay que salvar y fortalecer, devaluado y amenazado como nunca en este azaroso e incierto siglo XXI. Los efectos actuales y futuros del cambio climático, el desbalance demográfico, las migraciones de múltiples causas, la brecha de desarrollo, las crisis políticas y humanitarias, las guerras de Rusia-Ucrania y Hamás-Israel, la amenaza nuclear latente, las crisis sanitarias, las amenazas a la democracia y los derechos humanos y a las bases del multilateralismo, los riesgos críticos de la inteligencia artificial general (AGI), y un entorno geopolítico desconfigurado e incierto, ponen de manifiesto la encrucijada en que nos encontramos. Nada hay de exageración ni dramatismo gratuito en afirmar esto.

2. LA SOCIEDAD CIVIL EN LA ONU

Organizaciones de la Sociedad Civil (OSC) participan activamente en las decisiones de la ONU, de manera consultiva y sin la capacidad decisoria de los Estados miembros. Su participación es importante de todas maneras, y se ha fortalecido con el tiempo, especialmente durante el mandato de António Guterres. Las OSC incluyen a las ONG, grupos de base, movimientos sociales, sindicatos y otros actores, como las universidades, que tienen un espacio de participación, pero con poca visibilidad.

Existen diversos canales para que las OSC puedan tener una voz. El Consejo Económico y Social (ECOSOC) puede otorgar un estatus consultivo a las ONG. Las OSC pueden participar en órganos y mecanismos de derechos humanos presentando informes paralelos (llamados también en la sombra) sobre cumplimiento de los derechos humanos, interactuar en procedimientos especiales y participar en el Examen Periódico Universal (EPU, que revisa la situación de derechos humanos en todos los Estados miembros). En las grandes conferencias y cumbres de la ONU (como las de desarrollo sostenible, clima, migración, etc.), la sociedad civil suele tener un espacio de participación, aunque a veces con limitaciones. A menudo organizan foros paralelos, *lobbies* y campañas para presionar a los gobiernos y abogar por decisiones más ambiciosas. Por ejemplo, la sociedad civil fue fundamental en la creación de los Objetivos de Desarrollo Sostenible (ODS) y sigue siendo clave para su implementación y monitoreo. Asimismo, más recientemente, ha habido una amplia fase de consulta a la sociedad civil para el Informe *Nuestra Agenda Común* y para el documento del

Pacto para el Futuro. Más allá de la participación formal, la ONU colabora directamente con la sociedad civil en el terreno a través de sus programas y fondos. Por ejemplo, el Departamento de Comunicación Global (antes DPI) de la ONU acredita a las ONG para difundir información sobre el trabajo de la organización. Además, muchos proyectos de desarrollo y ayuda humanitaria son implementados por OSC con financiación de la ONU.

A pesar de estos espacios y mecanismos, la participación de la sociedad civil se enfrenta a una problemática difícil de superar y que debe ser objeto de preocupación. En algunas reuniones de alto nivel, el acceso para las OSC puede ser restringido, algunos activistas y organizaciones enfrentan represalias por parte de sus propios gobiernos y su participación en reuniones internacionales requiere fondos y personal que muchas organizaciones pequeñas no tienen y que la ONU no provee suficientemente. Aunque pueden hacer declaraciones y alzar su voz, las decisiones finales son tomadas por los Estados miembros, lo que reduce su influencia a un papel de observador o de promoción. Aun así, si bien la sociedad civil no tiene poder de voto en la ONU, no deja de tener una cierta influencia. Es una voz que aboga por la rendición de cuentas y la transparencia en el sistema multilateral, actúa como un contrapeso a los gobiernos, proporciona información clave desde el terreno, y es una fuerza impulsora en la promoción de los derechos humanos, la justicia y el desarrollo sostenible.

3. LAS UNIVERSIDADES Y LAS NACIONES UNIDAS

La participación de las universidades en las Naciones Unidas es muy variada. El sector académico juega un rol importante en la consecución de los objetivos de la ONU a través de la investigación, la educación y la colaboración directa. Aportan investigación y conocimiento de los que la ONU se nutre en áreas como los ODS. Muchas universidades alinean sus planes de estudio e investigaciones con los ODS. También mediante investigaciones académicas que sirven de base para la formulación de políticas y programas de la ONU aportando elementos para las decisiones de la Asamblea General, el Consejo de Seguridad y las agencias especializadas. Asimismo, en materia de análisis de datos e innovación, la ONU colabora con universidades para analizar grandes volúmenes de datos y desarrollar nuevas tecnologías que ayuden a monitorear el progreso de los ODS.

Las universidades son clave en la formación de la próxima generación de líderes y ciudadanos globales, lo que es esencial para la misión de la ONU. Por ejemplo, la Red de Impacto Académico de las Naciones Unidas (UNAI), que es de las iniciativas más importantes. La UNAI conecta a más de 1.600 instituciones de educación superior de todo el mundo. Su objetivo es alinear a estas instituciones con los propósitos de la ONU, especialmente en la promoción de los derechos humanos, la sostenibilidad, la paz y la resolución de conflictos. A través de esta red, las universidades pueden intercambiar buenas prácticas y colaborar en proyectos conjuntos.

Existen también programas permanentes como las Cátedras UNESCO y Redes UNITWIN para la cooperación interuniversitaria. Estas cátedras se enfocan en temas prioritarios como el desarrollo sostenible, la cultura, la paz y los derechos humanos, integrándolos en los planes de estudio y la investigación. Están también los Programas de Estudios de la ONU con posgrados y pasantías para estudiantes universitarios, como el Programa de Jóvenes Profesionales (YPP) y el Programa de Pasantías de la ONU, que les permiten adquirir experiencia práctica y acceder a oportunidades laborales en la organización. Un interesante programa, que aunque no es oficial, es el Modelo de las Naciones Unidas (MUN), que son simulaciones académicas en las que los estudiantes actúan como diplomáticos de diferentes países para debatir temas globales. Fomentan el interés en la diplomacia, las relaciones internacionales y el trabajo de la ONU entre los jóvenes.

En cuanto a la colaboración directa de las universidades con agencias y programas de la ONU, podemos señalar que muchas universidades y sus facultades colaboran directamente con agencias y fondos de la ONU en proyectos específicos. Por ejemplo, la Universidad de las Naciones Unidas (UNU), como centro de estudios e investigación de la ONU actúa como un *think tank*, realiza investigaciones conjuntas con otras universidades y organismos de la ONU para abordar problemas globales urgentes. También hay colaboración universitaria con el PNUD, UNICEF, ACNUR y existe una red de universidades con Memorandos de Entendimiento con la ONU, a través del Departamento de la Asamblea General y de Gestión de Conferencias para la formación de profesionales lingüísticos (traductores, intérpretes, etc.).

Un caso muy especial y significativo en la relación entre el mundo académico y la ONU es la Universidad para la Paz (UPEACE), ya que no es solo una universidad que colabora con la organización, sino que es una creación de la propia ONU. La UPEACE fue establecida como un tratado internacional por la Asamblea General de las Naciones Unidas en 1980, con el mandato de

> Dotar a la humanidad de una institución internacional de enseñanza superior para la paz, con el fin de promover entre todos los seres humanos el espíritu de comprensión, tolerancia y coexistencia pacífica, estimular la cooperación entre los pueblos y ayudar a disminuir los obstáculos y las amenazas a la paz y al progreso mundiales.

Como opera bajo su propia Carta aprobada por la ONU, cuenta con autonomía académica, es el brazo académico de la ONU. Su sede principal está en Costa Rica.

4. UN PASO MÁS PARA APOYAR EL MULTILATERALISMO

Parece evidente que los países desarrollados, el llamado primer mundo, con algunos matices, no tienen la misma urgencia que el 80% de la humanidad que pertenece al sur global, 134 países agrupados en el G-77+China. Tampoco incluso la misma conciencia de lo que está en juego globalmente. António Guterres les ha instado a alzar la voz y jugar un papel protagonista en los distintos foros multilaterales donde se están debatiendo los cambios. Donde hay mayor conciencia, aunque falta mucha pedagogía de opinión pública sobre estas urgencias, es en la sociedad civil, las asociaciones y grupos académicos que globalmente conectados luchan por alzar también la voz, para que sus gobiernos se comprometan de verdad con el gran giro que debe dar el mundo. La Secretaría General ha abierto las ventanas para que este sector mayoritario, pero que no tiene capacidad decisoria, se exprese en las amplias y masivas consultas que se llevan a cabo durante el proceso iniciado con el Pacto para el Futuro. Es una fuerza moral que a estas alturas debe ser tenida en cuenta. Solo su presión sobre los partidos políticos y los poderes públicos puede orientarlos hacia la toma de decisiones que se necesitan, dadas las actuales circunstancias que vive la humanidad.

La ONU es en sí misma una respuesta prospectiva y estratégica que en su momento articularon los Estados al salir de las dos guerras mundiales y en prevención de una tercera. Los esfuerzos de la organización deben ser sustentados desde la sociedad civil, y en concreto, desde las universidades, que como se ve, tienen una especial consideración, no obstante es insuficiente. La comunidad académica global no está debidamente representada en el organismo, y su potencial geopolítico no está suficientemente aprovechado. Es necesario que se exprese con mayor fuerza y se le abran espacios más amplios en la toma de decisiones y la planificación estratégica del organismo y en la implementación del Pacto para el Futuro.

5. EL PACTO PARA EL FUTURO, ¿ÚLTIMA OPORTUNIDAD?

El Pacto para el Futuro fue aprobado por los Jefes de Estado y de Gobierno en la Cumbre del Futuro convocada por la ONU en septiembre de 2024. Puede que sea la última oportunidad para corregir el rumbo, según el secretario general de la ONU, António Guterres. Necesitamos un multilateralismo más eficaz, más interconectado e inclusivo, que combine las fortalezas de las instituciones existentes, para cumplir juntos con los desafíos más apremiantes de la humanidad. Para asentar lo ya logrado y enfrentar eficientemente las amenazas estratégicas y existenciales que condicionan el futuro, es la única manera de gestionar la complejidad del mundo actual. Es un documento denso y contiene muchos temas, principalmente relacionados con algunos de los principales desafíos globales que hemos estado discutiendo durante años. Esto no es sorprendente, considerando que el propio Pacto afirma: "El progreso en la mayoría de los Objetivos de Desarrollo Sostenible avanza demasiado lentamente o ha retrocedido por debajo de la línea de base de 2015". Reafirma el compromiso de los líderes mundiales de revitalizar la acción global para garantizar el futuro que deseamos y responder eficazmente a los desafíos actuales y futuros y los compromisos previos se reconfirman, e incluso se amplían, con algunas futuras chispas, como, por ejemplo, prevenir y combatir la delincuencia organizada transnacional mediante estrategias integrales, que incluyan la prevención, la detección temprana y la investigación; solicitar al secretario general que haga recomendaciones sobre indicadores de desarrollo sostenible más allá del PIB; y continuar las consultas sobre la propuesta de una cuarta Conferencia de las Naciones Unidas sobre la Exploración Pacífica del Espacio Ultraterrestre (UNISPACE IV) en 2027.

6. LA PREPARACIÓN DEL PACTO

Hay una secuencia importante, previa, resultado de un esfuerzo integral de años para reestructurar la cooperación internacional en respuesta a las realidades actuales y los desafíos emergentes del futuro. Se basa en dos decisiones tomadas por la Asamblea General a principios de esta década, que sirven como pilares fundamentales para su implementación.

La primera son los 12 compromisos aprobados en la 75ª Asamblea General en 2020, conmemorando el aniversario de la organización: no dejar a nadie atrás; proteger nuestro planeta; promover la paz y prevenir conflictos; defender el derecho internacional y garantizar la justicia; priorizar a las mujeres y las niñas; fomentar la confianza; mejorar la cooperación digital; modernizar las Naciones Unidas (ONU); garantizar la financiación sostenible; impulsar las alianzas; escuchar a los jóvenes y colaborar con ellos; y estar preparados para futuras crisis.

La segunda decisión fue la adopción del informe Nuestra Agenda Común, preparado por el Secretario General António Guterres bajo el mandato de la Asamblea y presentado en 2021. La agenda refleja el resultado de un proceso de consultas de un año de duración en el que participaron los estados miembros, académicos, intelectuales, organizaciones de estudios de futuros, organizaciones de jóvenes y demás organizaciones y asociaciones de la sociedad civil, además de una encuesta electrónica, que respondieron un millón y medio de personas, y sondeos realizados en 70 países. La Agenda está estructurada en áreas principales relacionadas con el establecimiento de un nuevo contrato social centrado en los derechos humanos; la renovación de la solidaridad con las generaciones más jóvenes y futuras; un nuevo pacto mundial para entregar bienes públicos y abordar los principales riesgos, y la adaptación de la ONU a una nueva era.

Como lo enfatiza el *think tank* global The Millennium Project en su informe *Estado del Futuro 20.0*, la Agenda contiene importantes elementos de previsión y propone alcanzar compromisos efectivos a través de momentos clave junto con el Pacto y sus anexos, como la Cumbre sobre la transformación de la educación, celebrada en 2022; una Cumbre Social, que se celebrará en 2025; y la Cumbre del Futuro, celebrada en septiembre de 2024, de la que surge el Pacto para el Futuro.

7. ESTRUCTURA Y COMPROMISOS DEL PACTO PARA EL FUTURO: 5 ÁREAS Y 56 ACCIONES

El desarrollo sostenible y la financiación para el desarrollo abarcan 12 acciones centradas en la erradicación de la pobreza, la erradicación del hambre, el cierre de las brechas de financiación, el logro de la igualdad de género y la protección del medio ambiente, y la promoción de la cultura y de sociedades inclusivas y pacíficas, garantizando al mismo tiempo la plena implementación de la Agenda 2030 para ese año y posteriormente.

Paz y Seguridad Internacional. 15 acciones que se centran en el establecimiento y mantenimiento de sociedades pacíficas, inclusivas y justas. Estas acciones buscan proteger a la población civil, atender las necesidades humanitarias, promover la cooperación internacional y la resolución de conflictos, cumplir con las obligaciones de desarme, abordar amenazas a la seguridad como el terrorismo, la delincuencia organizada y las armas nucleares, y adaptar las operaciones de paz a los desafíos contemporáneos y emergentes, como la prevención de la carrera armamentista y el avance del debate sobre sistemas de armas autónomas letales. Además, estas acciones hacen hincapié en el aprovechamiento de las nuevas tecnologías y la gestión de los riesgos asociados.

La ciencia, la tecnología, la innovación y la cooperación digital incluyen seis acciones para aprovecharlas en beneficio de las personas y el planeta, fortalecer las capacidades en los países en desarrollo, garantizar los derechos humanos y la igualdad de género, integrar los conocimientos indígenas y locales, y mejorar el papel de las Naciones Unidas en el fomento de la cooperación internacional en estos campos.

Juventud y generaciones futuras con cuatro acciones que enfatizan la inversión en el desarrollo social y económico de los niños y jóvenes, la promoción de sus derechos humanos, su inclusión social, y el mejoramiento de la participación significativa de los jóvenes tanto a nivel nacional como internacional.

La Transformación de la Gobernanza Global incluye 19 acciones enfocadas en revitalizar el sistema multilateral mediante la reforma del Consejo de Seguridad para lograr una mayor inclusión y rendición de cuentas, el fortalecimiento de las funciones de la Asamblea General, el Consejo Económico y Social y la Comisión de Consolidación de la Paz, y la aceleración de las reformas de la arquitectura financiera internacional para apoyar el desarrollo sostenible, atender las necesidades de los países en desarrollo y responder eficazmente a los desafíos globales. El Pacto también declara como necesaria una respuesta internacional más coherente, cooperativa, coordinada y multidimensional a las crisis globales complejas y el papel central de las Naciones Unidas.

El Pacto Digital Mundial (GDC), es el Anexo 1, se centra en el objetivo específico de aprovechar las tecnologías digitales y emergentes, incluida la inteligencia artificial (IA), para el desarrollo sostenible, gestionando al mismo tiempo los riesgos asociados. El Pacto sirve como marco global integral para la cooperación digital. Incluye cinco objetivos relacionados con: el cierre de las brechas digitales, la expansión de la inclusión en la economía digital, el fomento de un espacio digital seguro que respete los derechos humanos, el avance de la gobernanza equitativa de datos y la mejora de la gobernanza internacional de la IA en beneficio de la humanidad. Basado en principios específicos relacionados con la cooperación digital, deben promover una colaboración con el sector privado, la sociedad civil, las organizaciones internacionales y las comunidades técnicas y académicas.

Declaración sobre las Generaciones Futuras, es el Anexo 2, un tema clave muy valorado por los expertos en estudios de futuro. La Declaración, junto con el Pacto, subraya la importancia de considerar a "todas las generaciones que aún no existen y que heredarán este planeta", cuyas necesidades e intereses deben ser salvaguardados. "Vivirán con las consecuencias de nuestras acciones y nuestra inacción". La declaración incluye los principios rectores en los que se basa, así como acciones para implementar, institucionalizar y monitorear los compromisos mencionados en la formulación de políticas nacionales, regionales y globales.

8. LAS DUDAS SOBRE LA POSIBILIDAD DE IMPLEMENTAR EL PACTO

La Cumbre del Futuro fue convocada con gran expectativa. ¿Será posible un compromiso real de los estados firmantes del Pacto, que honre la Carta de las Naciones Unidas y los Derechos Humanos, asegure el cumplimiento de los ODS, del Acuerdo de Addis Abeba (financiación del desarrollo, que será revisado en Sevilla en 2025) y de Marrakech sobre migraciones, aborde la reforma de la ONU, del Consejo de Seguridad y de las agencias y organizaciones multilaterales, y se traduzca en medidas, instrumentos y financiación suficiente para una nueva arquitectura multilateral para el siglo XXI?

Surgen muchas dudas al revisar los tres textos del Pacto. Ha sido recibido con un cierto escepticismo, especialmente por la sociedad civil y los especialistas, e incluso por algunos gobiernos como el de Argentina, que directamente menospreció y rechazó el acuerdo, cuestionando todo el sistema multilateral encabezado por las Naciones Unidas.

Pensando positivamente y con una necesaria dosis combinada de realismo y optimismo, el Pacto para el Futuro es un buen esfuerzo por replantear la misión, estructura y funcionamiento del sistema multilateral creado hace 70 años. Sin embargo, parte importante se afirma en textos y declaraciones pasadas, en acuerdos anteriores parcialmente cumplidos, en manifestaciones políticamente correctas y hay poca o ninguna mención a nuevos temas. Procura unas Naciones Unidas más ágiles, receptivas y resilientes, mejorando las capacidades en innovación, análisis de datos, transformación digital, prospectiva estratégica y ciencias del comportamiento, capaz de liderar una respuesta internacional más coherente, cooperativa, coordinada y multidimensional a las crisis mundiales complejas. Propone una reforma del Consejo de Seguridad, para hacerlo más representativo, inclusivo, transparente, eficiente, eficaz, democrático y responsable. El veto es un elemento clave de la reforma para replantear su uso y aplicación. Se propone asimismo fortalecer la labor del Consejo Económico y Social y de la Comisión de Consolidación de la Paz, sometiendo a examen su arquitectura el 2025, y acelerar la reforma de la arquitectura financiera internacional y la financiación del desarrollo, especialmente para el cumplimiento de los ODS. Y haciéndose cargo de una nueva realidad emergente y peligrosa, señala la utilización del Espacio Ultraterrestre con Fines Pacíficos, pensando en la realización de una cuarta Conferencia de las Naciones Unidas sobre la Exploración del Espacio Ultraterrestre con Fines Pacíficos (UNISPACE IV) en 2027 que asuma compromisos firmes en este ámbito.

Pero hay un ambiente de muchas dudas sobre la voluntad política real de cumplir con los propósitos y compromisos aprobados, sobre la capacidad real de la ONU para impulsarlos e implementarlos en el sistema multilateral y sobre si se va a contar con la financiación necesaria. Falta claridad prospectiva más allá de la retórica sobre el futuro. No hay un plan, debería haberlo, pero no es posible si antes no se alinean los grandes actores que condicionan todo cumplimiento, en concreto Estados Unidos, China, la Unión Europea, India, Rusia y los BRICS ampliados. Hay tres temas críticos que requieren una resolución urgente y sobre los que se deben buscar consensos básicos de inmediato: 1. Inteligencia artificial general. 2. Cambio climático. 3. Paz y seguridad. Si no se llega a un consenso práctico firme sobre estas tres cuestiones, todo lo demás en los Pactos será precario y correrá el riesgo de perder relevancia existencial.

9. CONCLUSIONES

El secretario general António Guterres ha sido escuchado por los Estados y las partes interesadas, pero ha tenido poco apoyo para la implementación de los compromisos. Mientras, continúan las guerras en Ucrania y Oriente Medio, las atrocidades en Sudán, la guerra y hostilidad latente entre Israel e Irán, la incertidumbre generada por la nueva administración Trump. El calentamiento global no se reduce, y tantas otras crisis. Para cumplir con estos compromisos y aplicar las 56 medidas que se proponen, es preciso generar una sinergia entre los gobiernos, los parlamentos, al sistema de las Naciones Unidas, y otras instituciones internacionales, las autoridades locales, los pueblos indígenas, la sociedad civil, las empresas y el sector privado, las organizaciones religiosas y los gobiernos locales, organizaciones internacionales, las comunidades científicas y académicas y la comunidad en general.

Debe haber una gran movilización a escala global del mundo civil, académico, científico, empresarial, *think tanks* y ONG, presionando por el cumplimiento de estos acuerdos, empoderando a la ONU para generar un plan factible y aplicable a través de Pactos para el Futuro en cada Estado miembro, con una relevante participación de la sociedad civil y en especial, de las universidades, ampliando y profundizando los espacios en los que actualmente participan en la ONU.

SEGUNDA PARTE

LA CONSTRUCCIÓN DE UN MULTILATERALISMO EFICAZ DE MULTIACTORES: EL ROL DE LAS UNIVERSIDADES

CAPÍTULO 3

SOLIDARIDAD INTELECTUAL Y MORAL: LA EDUCACIÓN COMO BASE PARA LA PRESERVACIÓN DE LOS VALORES FUNDAMENTALES DE LA HUMANIDAD

MARÍA DEL CARMEN PATRICIA MORALES

1. INTRODUCCIÓN: LA SOLIDARIDAD INTELECTUAL Y MORAL DESDE LA UNESCO

El concepto de solidaridad intelectual y moral es una de las formulaciones más notables del Acta Constitutiva de la UNESCO de 1945. En él, el saber y la ética se unen en un esfuerzo común al servicio de la familia humana, y se propone que solo a través de esa virtud colectiva será posible alcanzar una paz duradera.

Tras la barbarie del Holocausto, emergen nuevos paradigmas globales que rechazan la violencia como forma de resolver conflictos, y que proclaman: "Puesto que las guerras nacen en la mente de los hombres, es en la mente de los hombres donde deben erigirse los baluartes de la paz". Desde esa premisa, la sabiduría humana —entendida como historia compartida de los pueblos del mundo— se convierte en guía para una cultura de paz verdaderamente planetaria. Como afirma el preámbulo de la UNESCO: "La paz debe basarse, si no ha de fracasar, en la solidaridad intelectual y moral de la humanidad" (Acta Constitutiva, 1945).

Aunque muchas tradiciones culturales han articulado, desde antiguo, formas educativas que combinan el conocimiento del mundo con orientaciones éticas —es decir, que enseñan a conocer y a actuar bien—, no es sino a mediados del siglo XX cuando esta preocupación se transforma en una aspiración universal. Esto se debe, en gran parte, al surgimiento de instituciones internacionales como la UNESCO, que colocaron la educación en el centro de una estrategia global por la paz y la justicia.

A comienzos del siglo XXI, esa tarea adquiere nuevos contornos. Desafíos como el cambio climático, la creciente desigualdad, los conflictos armados persistentes y los avances disruptivos en tecnología —con la inteligencia artificial como exponente principal— han transformado cualitativamente nuestra vida cotidiana y el horizonte mismo de la humanidad. Frente a esta complejidad, reaparece con fuerza la necesidad de recuperar principios éticos universales, entre ellos la solidaridad como práctica intelectual y moral.

En este capítulo se reafirma la vigencia de ese principio —la solidaridad intelectual y moral— como hoja de ruta indispensable para el siglo XXI, frente a modelos alternativos centrados en el mercado, la competencia egoísta o la fragmentación cultural. En este sentido, sostenemos que ética y saber deben encontrarse integrados, y que la humanidad solo podrá fortalecerse si se apoya mutuamente, con espíritu generoso, en la transmisión y el cultivo del conocimiento.

2. LA EDUCACIÓN COMO CAMINO HACIA LA SOLIDARIDAD INTELECTUAL Y MORAL

Desde la formulación del concepto de solidaridad intelectual y moral en el Acta Constitutiva de la UNESCO (1945), es posible trazar un hilo conductor que une diversos momentos históricos donde el saber y la ética se entrelazan en función de un ideal compartido. Para ello, nos remontamos al mundo griego, donde se origina el concepto mismo de *paideía*, raíz etimológica de la palabra pedagogía. Allí se plasma por primera vez la idea de educar como formación integral del ser humano, un proceso orientado no solo a la adquisición de conocimientos, sino a la configuración del carácter, la virtud y la ciudadanía.

3. SÓCRATES Y LA *PAIDEÍA*: EL NACIMIENTO DIALÓGICO DE LA SABIDURÍA

En la Atenas del siglo V a. C., Sócrates introdujo una forma creativa de entender la educación: el arte de parir conocimiento mediante preguntas dentro de un diálogo. En la *Apología de Sócrates* (38ae) y el *Teeteto* (150c) de Platón, Sócrates se declara "partero de ideas" y confiesa a la vez su famosa frase, "[...] no me sucede sino como al que está fuera de sí, que no dice saber nada de lo que se dice, salvo esto: que no sabe nada", que nos invita una y otra vez a avanzar hacia el conocimiento a partir de un diálogo solidario, que sería tanto intelectual como moral.

El contexto griego acuñó la palabra *paideía* (sobre la base de *país-paidós*: niño), que Werner Jaeger describirá como la formación integral del carácter, la inteligencia y la virtud. Sin embargo, aquella *paideía* era solo accesible para una minoría masculina ciudadana. La tarea pendiente, ya intuida en el ideal socrático de cuidar el alma (*Alcibíades I*, 133b) y en la felicidad como la finalidad de la vida, será extender en el devenir histórico el acceso al saber para todos.

4. DEL 'CONÓCETE A TI MISMO' AL 'ATRÉVETE A SABER' (*SAPERE AUDE*): LA ILUSTRACIÓN KANTIANA

Si se nos permite ahora dar un salto histórico y llegar a la Europa de la Ilustración reencontramos el afán socrático por la búsqueda del saber y la aspiración a la felicidad. En 1784, Immanuel Kant publica su *Respuesta a la pregunta: ¿qué es la ilustración?*, donde nos convoca a la mayoría de edad: "*Sapere aude!* (atrévete a saber) ¡Ten el coraje de servirte de tu propio entendimiento!". La autonomía intelectual puede y debe lograrse desde el pensar por sí mismo sin tutelas externas.

A su vez, Kant formula cuatro interrogantes —recogidos en su *Lógica*, 3-5—, que a día de hoy siguen vigentes recibiendo nuestras respuestas provisorias: ¿Qué puedo saber? (metafísica); ¿qué debo hacer? (moral); ¿qué me es dable esperar? (religión), y ¿qué es el ser humano? (antropología). Responderlas exige un ejercicio colaborativo y aquí de alguna manera se encuentra implícita una solidaridad intelectual y moral: el conocimiento se comparte y se transmite de generación en generación. No obstante, la ilustración kantiana no logra superar la discriminación y el acceso de mujeres, campesinos y pueblos colonizados continúa pendiente.

5. LA CATÁSTROFE DEL SIGLO XX Y EL TARDÍO GIRO FINAL HACIA LA DIGNIDAD UNIVERSAL

El poder generado por el progreso científico-técnico durante el siglo XX quedó en gran parte desvinculado del pensar ético, a partir de lo cual incrementó la destrucción y la barbarie de las guerras mundiales. Finalmente, tras el Holocausto la comunidad internacional decide reformular las bases de la convivencia sobre el reconocimiento de la inalienabilidad de la dignidad humana, y el consiguiente concepto de familia humana.

En 1945, nace también la UNESCO. Su Acta Constitutiva proclama que "las guerras nacen en la mente de los hombres, por lo que es en la mente de los hombres donde deben erigirse los baluartes de la paz". Para ello, postula la solidaridad intelectual y moral de la humanidad: ciencia, educación, cultura y comunicación deben colaborar generosamente hacia el bien común, también para impedir nuevas barbaries.

En 1948, la Declaración Universal de los Derechos Humanos, que proclama estos derechos para todos a partir de la dignidad inherente a todo ser humano, consagrará en su artículo 26 el derecho a la educación: "Toda persona tiene derecho a la educación [...] que favorezca la comprensión, la tolerancia y la amistad entre todas las naciones". La dignidad humana, ahora fundamento jurídico, implicaría también que el saber deje de ser privilegio y se reconozca como bien común.

6. LA SOLIDARIDAD INTELECTUAL Y MORAL DE LA UNESCO COMO CAMINO PARA UNA PAZ DURADERA

Tras la Segunda Guerra Mundial, 37 Estados crean la UNESCO. Su Preámbulo proclama que "puesto que las guerras nacen en la mente de los hombres, es en la mente de los hombres donde deben erigirse los baluartes de la paz".

El primer director de la UNESCO, Julien Huxley en su texto para la comisión preparatoria de 1946, *La UNESCO: su propósito y su filosofía* (*UNESCO: Its Purpose and Its Philosophy*) hace hincapié desde su visión cosmopolita en la solidaridad intelectual y moral como la filosofía para esta nueva institución interdisciplinaria que pondría todo el saber de la humanidad al servicio de la paz. A su vez, el filósofo Jacques Maritain, gran inspirador del Acta Constitucional de la UNESCO, promovía esa solidaridad como generosidad del saber: compartir conocimiento gratuitamente contra el mercantilismo y la censura.

La UNESCO ha desarrollado un corpus pedagógico progresivo de solidaridad del saber para el bien de la humanidad toda. Entre sus hitos salientes, se pueden citar:

- Informe Faure (1972): aprender a ser en una sociedad cambiante.
- Jomtien 1990: Primera Conferencia Mundial sobre Educación para Todos (EFA, por sus siglas en inglés).
- Informe Delors (1996) que establece los cuatro pilares —aprender a conocer, a hacer, a vivir juntos y a ser— que articulan ciencia, técnica, artes y humanidades.
- Declaración de Dakar (2000): reafirma el derecho a la educación básica de calidad para todos y todas antes de 2015. Federico Mayor hace de EFA una prioridad ética y política.
- Declaración de Incheon (2015): conecta la EFA con el ODS 4 (Agenda 2030) y subraya la importancia del aprendizaje a lo largo de toda la vida.
- Futuros de la educación (2021).
- La revisión de mitad de período del ODS 4 (2023) en la que enfatizan los sistemas inclusivos, digitales y sustentables.

Un filósofo muy significativo para la UNESCO es Edgar Morin quien propone en *Los siete saberes necesarios para la educación del futuro* (UNESCO: 1999, capítulo 4) que enseñar para comprender es donde se encontraría, justamente, la misión espiritual de la educación: "enseñar la comprensión entre las personas como condición y garantía de la solidaridad intelectual y moral de la humanidad". Según el autor debemos enfrentar la complejidad, con responsabilidad y solidaridad. Y esto implica contextualizar, globalizar, enseñar la condición humana, la incertidumbre y la ética planetaria.

7. LA EDUCACIÓN SOLIDARIA COMO ACTO INTERGENERACIONAL, INTERCULTURAL E INTERDISCIPLINARIO

La palabra solidaridad evoca en la UNESCO una generosidad académica en un escenario sin fronteras: transmitir y compartir el saber, el arte y la cultura de forma intergeneracional, intercultural e interdisciplinario: dialogando la ciencia con las humanidades y las artes. Se trata de epistemologías plurales en donde hay un enriquecimiento mutuo desde la diversidad.

Los ideales de la UNESCO tienen ese horizonte planetario que se manifiestan en todos los continentes. UNESCO promueve una solidaridad de todas las civilizaciones. Y es así como nuevas concepciones resultan deslumbrantes a los paradigmas tradicionales. El intercambio equitativo de estos saberes actualiza la solidaridad moral: cada civilización enriquece a las demás sin jerarquías.

Ejemplos de ellos, que son además paradigmas de solidaridad, son:

- Ubuntu (África meridional): "Yo soy porque nosotros somos", base de pedagogías comunitarias.
- Nalanda y Tagore (Asia meridional): tradición de universidades monásticas budistas y la educación holística de Rabindranath Tagore.
- Confucianismo (Este asiático): énfasis en la armonía, la autocultivación y la piedad filial.

- Buen vivir - *Sumak kawsay* (Andes) y *tecolotl* (símbolo mesoamericano del saber profundo, asociado al búho): integración de naturaleza, comunidad y conocimiento.

8. ÉTICA DISCURSIVA: APEL Y HABERMAS, UN PUENTE METODOLÓGICO

Desde la nueva escuela de Frankfurt, Karl-Otto Apel y Jürgen Habermas proponen en los años 70-90 una ética del discurso. Toda norma válida debe poder justificarse racionalmente ante quienes se encuentren involucrados; por ello, el diálogo es condición de legitimidad. La escuela y la universidad se convierten en foros deliberativos donde se ejercita la ciudadanía planetaria. Este planteo retoma la mayéutica socrática, pero la globaliza: la razón se hace responsable (*sapere aude*) solo si escucha a todas las voces. A partir de aquí la solidaridad intelectual y moral puede comprenderse en prácticas cotidianas: acceso abierto, coautoría interdisciplinaria, revisión por pares, ciencia ciudadana y códigos de ética.

9. LA PROMOCIÓN DE UNA ÉTICA SOLIDARIA A PARTIR DE CÓDIGOS DE CONDUCTA

La solidaridad del conocimiento requiere de pautas éticas a partir de las cuales haya un ejercicio correcto de las profesiones y del saber en general, reglas unívocas, por ejemplo, para el respeto de la dignidad humana, o contra la competencia desleal, el plagio y la violencia epistémica. Algunos ejemplos destacados son:

- Juramento hipocrático (s. IV a.C.): ética médica basada en no maleficencia y confidencialidad.
- Declaración Universal sobre Bioética y Derechos Humanos de UNESCO (2005).
- Recomendación UNESCO sobre la ética de la IA (2021): transparencia, justicia y supervisión humana.

- Códigos nacionales de bioética y comités de ética en experimentación.

10. AGENDA DE ACCIÓN PARA LA SOLIDARIDAD INTELECTUAL Y MORAL

- Legislación y financiamiento: destinar un apoyo adecuado para que pueda tener lugar una educación de calidad, con enfoque de género e inclusión;
- Acceso abierto: revistas, repositorios y licencias Creative Commons para investigación y cultura;
- Formación docente continua: diálogo intercultural, ética científica y competencias digitales críticas;
- Alianzas multiactor: universidades, gobiernos, empresas, ONG y medios, guiados por la ética discursiva;
- Observatorios regionales: monitorear derecho a la educación y solidaridad del conocimiento.

La palabra solidaridad tiene una semántica muy poblada y con significaciones diversas según los contextos históricos. Aquí la usamos en el sentido unívoco de la UNESCO. Para la UNESCO significa una suerte de generosidad epistémica: compartir sin reservas los frutos del saber y reconocer los conocimientos que brotan de toda cultura. La sabiduría ha de ser compartida.

11. DESAFÍOS DEL SIGLO XXI Y TAREAS PENDIENTES

- Brecha digital: millones carecen de conectividad; la universalidad sigue inconclusa.
- Patrones mercantilistas del saber: patentes abusivas, *rankings* fomentan competencia y desigualdad.
- Desinformación y posverdad: erosionan el diálogo racional; urge alfabetización mediática.

- IA generativa: potencia inédita, que puede caer en el descontrol y producirse caos impredecible en cuanto al uso del conocimiento humano.

12. CONCLUSIONES: HEREDAR Y REINVENTAR LA GENEROSIDAD DE LA SABIDURÍA

Del solo sé que no sé nada socrático y el *sapere aude* kantiano hemos llegado a la solidaridad intelectual y moral de la UNESCO con un mismo designio: la sabiduría es un bien común de la humanidad que ha de compartirse con honestidad y con responsabilidad. Junto a la UNESCO vamos recorriendo un camino emancipador, en el cual podemos destacar lo siguiente:

- Garantizar el derecho efectivo a una educación inclusiva y de calidad.
- Fomentar el diálogo intercultural y la ciencia abierta.
- Reafirmar que la dignidad humana es el criterio último de toda política educativa y científica.
- Continuar la tradición humanista y proyectarnos a un futuro donde aprender sea —como quería Freire— un acto de amor.
- Educar se convierte en un acto de generosidad radical: compartir la herencia cultural y científica para que la humanidad en tanto familia humana pueda vivir con libertad y dignidad.

Si la UNESCO se propuso en 1945 erigir baluartes de paz en la mente de los seres humanos a partir del saber humano, nuestro desafío presente es reforzar esos baluartes con ciencia honesta, arte inclusivo, comunicación veraz y un diálogo intercultural que mantiene el compromiso con la verdad. Y junto a Edgard Morin volvemos a Inmanuel Kant a partir de una ética de la solidaridad hoy mundializada: "Ya decía Kant que la finitud geográfica de nuestra tierra impone a sus habitantes un principio de hospitalidad universal [...] A partir del siglo XX, la comunidad de destino terrestre nos impone de manera vital la solidaridad" (p.64).

Para finalizar este texto se recurre al mensaje a las personas jóvenes —enfatizado por la Carta de la Tierra— de quien fuera director de la UNESCO, don Federico Mayor: "Recordadnos permanentemente nuestras obligaciones intergeneracionales y aprended a com-partir, a con-vivir, a des-viviros por los demás, porque la solidaridad y el desprendimiento son, precisamente, los ignorados caminos del mañana que vosotros debéis señalarnos permanentemente". Y por nuestra parte debemos recordar la frase de Mayor, que da nombre al libro: "Urge inventar el futuro [...] Quizás estemos ante una gran oportunidad [...] La gran transición de la fuerza a la palabra, que marcaría un nuevo comienzo. Si el futuro debe inventarse, no dejemos de hacerlo".

BIBLIOGRAFÍA

Delors, J. (1996): *Los pilares de la educación: La educación encierra un tesoro. Informe de la Comisión Internacional sobre la educación para el siglo XXI*, UNESCO.

Freire, P. (1967): *La educación como práctica de la libertad*, Tierra Nueva.

— (1996): *Pedagogía de la autonomía: saberes necesarios para la práctica educativa*, Paz e Terra.

Kant, I. (1784): *Beantwortung der Frage: Was ist Aufklärung? ("Respuesta a la pregunta: ¿Qué es la Ilustración?")*, Berlínische Monatsschrift.

— (1800): *Logik. Ein Handbuch zu Vorlesungen ("Lógica")*, Jäsche

Mayor Zaragoza, F. (1995): *Inventar el futuro*, UNESCO – Espasa Calpe.

— (2021): *Inventar el futuro*, Editorial Ánfora Nova.

Morin, E. (1999): *Los siete saberes necesarios para la educación del futuro*, UNESCO.

Naciones Unidas (1948): "Declaración Universal de los Derechos Humanos", resolución 217 A (III), Asamblea General, adoptada y proclamada el 10 de diciembre de 1948.

Platón (2014): *Apología de Sócrates*, trad. de Julio Calonge Ruiz, Gredos RBA.

— (2021): "Teeteto", *Diálogos V*, trad. de Álvaro Vallejo Campos, Gredos RBA.

— (2007): "Alcibíades I", *Diálogos VII*, trad. Juan Zaragoza, Gredos RBA.

UNESCO (1945): "Constitución de la Organización de las Naciones Unidas para la Educación, la Ciencia y la Cultura", acta constitutiva, aprobada en Londres el 16 de noviembre de 1945, https://n9.cl/4qx56.

CAPÍTULO 4

REIMAGINAR LA EDUCACIÓN SUPERIOR DESDE EL MULTILATERALISMO: HACIA UN FUTURO INCLUSIVO, SOSTENIBLE Y TRANSFORMADOR

YUMA INZOLIA

El desarrollo de las Instituciones de Educación Superior (IES) de Latinoamérica y el Caribe pasa indudablemente por trabajar de forma cohesionada en la construcción de un espacio común que facilite un marco de reconocimiento del Derecho a la Educación Superior (DES), como un derecho humano fundamental para superar las desigualdades y garantizar un desarrollo sostenible. Es así como la educación superior resulta un instrumento catalizador para garantizar otros derechos fundamentales tal y como se recoge en la Declaración de los Derechos Humanos y otros instrumentos internacionales que se promueven desde UNESCO, buscando visibilizar los derechos y las obligaciones existentes en los instrumentos internacionales a la luz de las tendencias y los retos mundiales de la enseñanza superior. Es por ello que desde UNESCO se hace un llamamiento urgente para que se avance en los cambios sustanciales que permitan reimaginar nuestro futuro y definir caminos que nos permitan mejorar las experiencias y los resultados educativos. Para ello es necesario que todos los representantes sociales se involucren, desde los estudiantes y los profesores, las instituciones de educación superior, los responsables políticos, las organizaciones internacionales, los organismos de desarrollo, el sector productivo, la sociedad civil, las organizaciones juveniles, los movimientos sociales y las comunidades locales.

Si además consideramos que la pandemia del COVID-19 ha supuesto un incremento en las brechas existentes, entre las que cobra especial relevancia el contexto digital y ecológico, podemos coincidir en que vislumbrar el derecho a la educación superior cobra cada vez más relevancia en su provisión como bien común y derecho universal.

Es así como, en el marco de los diferentes encuentros tales como la Conferencia Regional de Educación Superior 2018; la Conferencia Mundial de Educación Superior 2022 (WHEC22) y la Conferencia Regional de Educación Superior (CRES+5), se han venido facilitando espacios de diálogo, con el propósito de construir un modelo reformado de caminos dirigidos a la transformación de la educación superior y su reconocimiento como derecho fundamental.

Como punto de partida debemos considerar los cambios drásticos en todo el mundo en cuanto al aumento de las desigualdades, la transformación digital, el cambio climático, la transición demográfica, la cohesión social y la incertidumbre sobre el futuro del trabajo han puesto aún más en entredicho la realización del derecho a la educación superior. Un punto de partido ha sido el Informe de la UNESCO *Right to higher education: unpacking the international normative framework in light of current trends and challenges*, que recoge este tema como centro del debate. En este sentido, a pesar de que el número de matrículas ha aumentado un 100% en los últimos 20 años, el acceso a la educación superior sigue siendo limitado debido a su coste, a las prácticas discriminatorias, a la carencia de medidas de apoyo y a los rígidos procesos de admisión que refuerzan las desigualdades en los países.

Por todo esto, en el marco del derecho a la educación superior, es necesario que los Estados acuerden y adopten políticas dirigidas a garantizar un acceso equitativo que garantice la continuidad, finalización y acceso al mercado laboral de los estudiantes.

Según el último Informe Mundial sobre la Educación de la UNESCO, la brecha media en la asistencia a la educación terciaria entre los quintiles más ricos y pobres es del 21% (GEM de la UNESCO, 2021, p. 168). Esto evidencia como el coste de la educación superior representa una de las principales barreras de acceso, dejando atrás a los estudiantes con menos recursos. Por ello, la barrera financiera tiene un gran impacto en la perpetuación de las desigualdades en la sociedad.

Por otro lado, la urgencia de impulsar una visión sistémica de la educación superior evidencia la profunda interconexión que existe en sus dimensiones sustantivas, al dotar de conocimientos y competencias relevantes para la vida profesional y ciudadanía global, así como garantizar una producción científica que integre una mirada con diferentes enfoques epistemológicos junto a su responsabilidad social como baluarte para apalancar modelos que permitan afianzar una sociedad más justa e inclusiva.

Para dar respuesta a esta situación, la necesidad de adoptar un enfoque multidimensional urge acordar un modelo que promueva el aprendizaje a lo largo de la vida que permita incrementar las oportunidades de los ciudadanos, priorizando a los grupos vulnerables, marginados y desfavorecidos, mediante políticas y modelos de financiación estables que garanticen la igualdad de oportunidades, así como la reducción de las brechas sociales, económicas y digitales que la Revolución Industrial y la pandemia han traído consigo.

1. DE LAS CONFERENCIAS GLOBALES A LAS HOJAS DE RUTA INSTITUCIONALES: INCLUSIÓN, JUSTICIA Y SOSTENIBILIDAD

La educación superior atraviesa un momento de inflexión. Enfrentamos una crisis de sentido, de propósito y de viabilidad institucional que exige repensar el papel de las universidades en la construcción de futuros sostenibles. Las tensiones geopolíticas, el cambio climático, la transformación digital, las desigualdades estructurales y los desafíos del aprendizaje a lo largo de la vida requieren un nuevo paradigma educativo. La UNESCO ha sido una de las voces más firmes en señalar que no basta con reformar: es necesario reinventar. La educación superior debe dejar de ser un privilegio para convertirse en un derecho garantizado para todos, y una herramienta activa para la justicia social y ambiental.

La Cumbre de la Educación de 2022 convocada por Naciones Unidas fue un punto de partida clave. Allí se delinearon una serie de ejes estratégicos para la transformación educativa global: inclusión, sostenibilidad, empoderamiento docente, digitalización y financiamiento. En ese contexto, las universidades fueron llamadas a desempeñar un rol central como catalizadoras del cambio, ampliando su impacto más allá del aula hacia los territorios, las políticas públicas y las culturas democráticas.

Si bien la Carta de las Naciones Unidas impone a los Estados la obligación de promover el respeto universal y efectivo de los derechos y libertades humanos, con el Pacto Internacional de Derechos Económicos, Sociales y Culturales se afianza el compromiso por garantizar los principios de libertad, justicia y paz en base al reconocimiento del derecho iguales e inalienables, aún queda mucho camino por andar hacia la construcción de vías renovadas para transformar y garantizar la educación superior.

Así, si entendemos que la educación superior es un derecho humano, los Estados están obligados a tomar más medidas para garantizar la plena aplicación de este derecho, ampliando su reconocimiento a diálogos relacionados con la introducción progresiva de la educación gratuita, de calidad y pertinente y con ello la igualdad de accesos para toda la ciudadanía, poniendo especial atención en los grupos vulnerables y socialmente excluidos, bien sea por su condición social, étnica o de género, así como mujeres, refugiados, migrantes y personas con discapacidad. Es en estos tenores cuando el Derecho a la Educación Superior cobra especial importancia en países y contextos con grandes desigualdades estructurales a la vez que se debe prestar especial atención a suplir de este derecho a las mujeres, migrantes y otros grupos minoritarios. Sin embargo, existen importantes disparidades entre los países y, en muchos de ellos, las tasas de matriculación han venido incrementando las desigualdades. La tasa de matriculación bruta en educación superior pasó aproximadamente de un 32% en 2013 a 41% en 2021, aunque solo representa el 9% en el África subsahariana (UNESCO, UIS; 2023).

Somos conscientes que garantizar el derecho a la educación superior requiere de una transformación estructural enfocada en un modelo de justicia social, que se centre en no dejar a nadie atrás y con ello potenciar el desarrollo de las comunidades de la sociedad. Por ello, asegurar este derecho es una tarea multidimensional que debe buscar garantizar el acceso, la permanencia y el egreso que permita la inclusión en un mercado laboral en consonancia con las necesidades vinculantes con su sociedad.

2. EDUCACIÓN SUPERIOR COMO MOTOR DE TRANSFORMACIÓN: VISIÓN DESDE WHEC2022

En esta misma línea, la Conferencia Mundial de Educación Superior (WHEC2022), celebrada en Barcelona durante el mes de mayo de 2022, se centró en superar los límites tradicionales de la educación superior y propuso un marco de trabajo para el diseño de una hoja de ruta ambiciosa, centrada en la educación a lo largo de la vida, el compromiso con los Objetivos de Desarrollo Sostenible (ODS), la digitalización inclusiva, la innovación institucional y la justicia social como principio rector. El principal hito de la Conferencia se centró en la construcción de diferentes espacios de diálogo y debates para diseñar rutas de acción flexibles que respondan a las realidades institucionales, nacionales y regionales, todas ellas dirigidas a la mejora de los sistemas de educación superior de todo el mundo y de las instituciones de educación superior en particular, en línea con la Agenda 2030 para el Desarrollo Sostenible, considerando las propuestas recogidas en la iniciativa Futuros de la Educación Superior.

Otro instrumento que ha potenciado el encuentro y diálogo regional ha sido el encuentro de la Conferencia Regional de Educación Superior (CRES+5), realizado en marzo de 2024 en

Brasilia (Brasil), dando seguimiento al compromiso acordado en la Tercera Conferencia Regional de Educación Superior (CRES 2018), celebrada en Córdoba (Argentina) el mes de junio de 2018, donde a partir de la Declaración y Plan de Acción para el decenio 2018– 2028 se adoptó el compromiso de realizar una reunión de seguimiento cinco años más tarde (CRES+5). Esta conferencia de seguimiento se sustentó en un modelo altamente participativo, con diferentes reuniones de grupos de trabajo, con el objetivo de impulsar un proceso participativo que permitiera evidenciar los avances realizados, así como los desafíos aún pendientes y las problemáticas surgidas, especialmente tras la crisis provocada por la pandemia del COVID-19.

Durante la CRES+5 se presentaron los trabajos vinculados con los 12 ejes temáticos acordados, de los que resultaron valiosos documentos conceptuales, dirigidos a coordinar acciones concretas que puedan conllevar un cambio estructural de profundo calado en la región. Además, las visiones generadas durante la Conferencia Mundial de Educación Superior de Barcelona tomaron especial relevancia en la formulación de los ejes definidos para el encuentro de Brasilia y, en este contexto, quedó en evidencia la necesidad de articular espacios de diálogo y diseño programático que reflejen las prioridades y puntos de partida disímiles de cada contexto y país, así como la necesidad de seguir trabajando de forma coordinada y desde una posición de cooperación con el objetivo de poder revertir los retrocesos provocados por la crisis sanitaria y ecológica. De ahí que las conclusiones que se establecieron en la Declaración estén dirigidas a ser adaptadas a cada contexto en función de las necesidades específicas, destacando la idoneidad de contar con indicadores propios que permitan evidenciar los avances alcanzados en cada contexto.

Cobra especial valor destacar, como mediante el trabajo colaborativo entre diferentes agentes sociales, se concluyó con una serie de documentos que recogen diferentes miradas y contextos, y servirán de línea base para la próxima Conferencia Regional de Educación Superior del 2028.

TABLA 1

CONFERENCIAS DE EDUCACIÓN

CRES 2018 PLAN DE ACCIÓN 2018–2028	CONFERENCIA MUNDIAL 2022 HOJA DE RUTA	CRES+5 (2024)
Lineamientos:	Principios para configurar el futuro:	Ejes temáticos:
Papel estratégico de la educación superior en el desarrollo sostenible de América Latina y del Caribe	Inclusión, equidad y pluralismo	Educación superior como parte del sistema educativo en América Latina y el Caribe
Educación superior como parte del sistema educativo en América Latina y el Caribe	Libertad académica y participación de todas las partes interesadas	Educación superior, diversidad cultural e interculturalidad en América Latina
Educación superior, diversidad cultural e interculturalidad en América Latina	Indagación, pensamiento crítico y creatividad	Educación superior, internacionalización e integración regional de América Latina y del Caribe
Educación superior, internacionalización e integración regional de América Latina y el Caribe	Integridad y ética	Rol de la educación superior de cara a los desafíos sociales de América Latina y el Caribe
Rol de la educación superior de cara a los desafíos sociales de América Latina y del Caribe	Compromiso con la sostenibilidad y la responsabilidad social	Investigación científica y tecnológica e innovación como motores del desarrollo humano, social y económico para América Latina y el Caribe
Investigación científica y tecnológica, e innovación como motores del desarrollo humano, social y económico para América Latina y el Caribe	Excelencia académica mediante cooperación en vez de competencia	Papel estratégico de la educación superior en el desarrollo sostenible de América Latina y el Caribe
A 100 años de la Reforma Universitaria de Córdoba. Hacia un nuevo Manifiesto de la Educación Superior Latinoamericana		El trabajo decente y las condiciones de vida de los actores de la educación superior (nuevo)
Formación docente		El impacto del COVID-19 en la educación superior (nuevo)
		Inclusión, diversidad y el papel de la mujer en la educación superior (nuevo)
		Financiación y gobernanza (nuevo)
		La autonomía de las instituciones de educación superior (nuevo)
		Los futuros de la educación superior en América Latina y el Caribe (nuevo) Los desafíos para el futuro de la educación superior en el Caribe (nuevo)

Fuente: UNESCO IESALC y elaboración propia.

3. EL DERECHO A LA EDUCACIÓN SUPERIOR: MARCO LEGAL Y DESAFÍOS ESTRUCTURALES

El derecho a la educación superior está reconocido en la legislación internacional sobre derechos humanos. La Declaración Universal de los Derechos Humanos, adoptada en 1948, establece que "la enseñanza superior debe ser igualmente accesible a todos en función de los méritos" (artículo 26). La Convención de la UNESCO relativa a la Lucha contra las Discriminaciones en la Esfera de la Enseñanza, adoptada en 1960, establece que los Estados Parte [...] se comprometen [...] a formular, desarrollar y aplicar una política nacional que, por métodos adecuados a las circunstancias y a los usos nacionales, tienda a promover la igualdad de oportunidades y de trato en materia de enseñanza y, en particular, [...] a hacer accesible la enseñanza superior. El derecho a la enseñanza superior no permite ninguna forma de discriminación. Sin embargo, todos los países se enfrentan a problemas para garantizar la igualdad de acceso a este tipo de educación. Cuestiones como la privatización de la enseñanza superior y el aumento de las tasas académicas representan una amenaza para la igualdad de acceso a la enseñanza superior, especialmente en contextos en los que persisten las desigualdades estructurales, como, por ejemplo, las desigualdades de clase o territoriales. Las mujeres y los grupos minoritarios (como los inmigrantes y los discapacitados) también pueden tener más dificultades para acceder a la enseñanza superior.

Entre las principales recomendaciones de los expertos participantes en el panel sobre los derechos de la educación superior, llevado a cabo en la Conferencia Mundial de Educación Superior destacan:

- Garantizar una participación amplia y colectiva de todas las partes interesadas (incluidos los estudiantes y los padres) en la elaboración de las políticas públicas de educación superior.
- Garantizar que la digitalización de la educación complemente la educación superior presencial y no la sustituya.

- Regular la educación superior para garantizar la existencia de medidas dirigidas a salvaguardar intereses sociales frente a los proveedores comerciales con fines de lucro.
- Ampliar las condiciones necesarias para el desarrollo profesional de los ciudadanos, que trasciendan el mero empleo y que consideren los beneficios más amplios para la sociedad en su conjunto, favoreciendo la función de bien público de la educación superior.
- Establecer mecanismos de rendición de cuentas, mediante la supervisión de la aplicación y el cumplimiento del derecho a la educación superior, para garantizar que las medidas políticas responden a las necesidades del país.
- Mejorar la financiación de la educación teniendo en cuenta el aumento de las matriculaciones para garantizar que nadie se quede atrás.
- Ratificar el Convenio Mundial y los correspondientes convenios regionales sobre el Reconocimiento de Cualificaciones relativas a la Educación Superior, para garantizar la movilidad e igualdad de oportunidades para todos los refugiados o migrantes, estudiantes, docentes investigadores y profesionales.

4. DE LA DECLARACIÓN A LA ACCIÓN: POR UNA EDUCACIÓN SUPERIOR INCLUSIVA Y JUSTA

La obligación de hacer que la enseñanza superior sea igualmente accesible a todos y de garantizar la no discriminación están consagradas tanto en la Convención de la UNESCO relativa a la Lucha contra las Discriminaciones en la Esfera de la Enseñanza (artículo 4) como en el Pacto Internacional de Derechos Económicos, Sociales y Culturales (artículo 13.2.e). Este último instrumento añade que la enseñanza superior debe ser progresivamente gratuita. Sin embargo, el cumplimiento de estas obligaciones es un reto y los estudiantes de todo el mundo siguen enfrentándose a importantes obstáculos para acceder a la educación superior. Es así como la inclusión está estrechamente relacionada con los principios de no discriminación e igualdad, pero también con la educación de calidad. Debido a una distribución injusta de las oportunidades educativas desde los primeros años y a una discriminación directa e indirecta en la educación, los resultados académicos, la experiencia laboral y la capacidad de aprobar los exámenes de acceso de los estudiantes vulnerables, marginados y desfavorecidos representa una barrera de acceso a la educación superior. Por otro lado, en relación con las personas con discapacidad, la legislación internacional sobre derechos humanos reconoce la obligación de los Estados de garantizar un sistema educativo inclusivo a todos los niveles (Convención sobre los Derechos de las Personas con Discapacidad, artículo 24). Sin embargo, más allá de este instrumento jurídicamente vinculante, la inclusión en la educación ha obtenido el reconocimiento internacional. Por tanto, la inclusión puede entenderse como un proceso que ayuda a superar las barreras que limitan la presencia, la participación y los logros de los alumnos (UNESCO, 2017b).

5. EXPANSIÓN, CALIDAD Y DESIGUALDAD: TENSIONES DE UN SISTEMA EN TRANSFORMACIÓN

Si bien el crecimiento de las tasas de matriculación en la enseñanza superior permite una democratización de la misma, el aumento del número de estudiantes no está exento de preocupaciones. Puede conducir a una disminución de la calidad de la educación y a una exacerbación de las desigualdades en el tipo de instituciones a las que acceden los distintos grupos (UNESCO, 2020a). Contar con estudiantes de todos los contextos y grupos sociales en la educación superior beneficia a todo el sistema educativo, y a la sociedad en general. Sin embargo, la rápida expansión de la educación superior y el uso de la admisión de acceso abierto ha dado lugar a problemas relacionados con la calidad (McCowan, 2012). El rendimiento académico es un factor predominante para que los estudiantes no abandonen los estudios, sino que los completen.

En la enseñanza superior, esto suele depender de las experiencias educativas previas de los estudiantes, que en el caso de los estudiantes pertenecientes a grupos vulnerables, marginados y desfavorecidos es más probable que sean de mala calidad (Thomas *et al.*, 2002). Por otro lado, el aumento de la demanda también ha dado lugar a una diversificación de las instituciones de educación superior de carácter privado, que han crecido en número, tamaño y alcance, lo que plantea cuestiones de calidad y responsabilidad. Es necesario garantizar y reforzar la calidad de los estudios en todas las instituciones de enseñanza superior para ofrecer igualdad de oportunidades educativas de calidad con independencia del origen social.

6. EDUCACIÓN SUPERIOR Y EMPLEO: HACIA UNA TRANSICIÓN JUSTA

Eliminar las barreras de acceso a la educación superior es solo el primer paso para garantizar la inclusión y una sociedad más justa. Es necesario transformar el sistema académico para que no se centre solo en el acceso, sino también en la finalización de los estudios y la transición al mercado laboral. Una vez superados los obstáculos de acceso, es necesario dotar a los grupos vulnerables, marginados y desfavorecidos de la orientación, las competencias y los conocimientos necesarios para seguir sus cursos y graduarse, ya que los estudiantes procedentes de entornos desfavorecidos tienen más probabilidades de abandonar los estudios (OCDE, 2015). En un mundo cada vez más globalizado, los estudiantes deberían poder continuar sus estudios en una institución de educación superior a través de la movilidad académica sin enfrentar obstáculos. El Convenio Mundial de la UNESCO sobre Reconocimiento de Cualificaciones relativas a la Educación Superior (2019) y los correspondientes convenios regionales, cuyo objetivo es promover la cooperación interregional y regional en materia de reconocimiento de estudios y títulos, establecen un marco importante a este respecto. En este contexto, el reconocimiento internacional de diplomas y cualificaciones es un instrumento fundamental para poder estudiar o trabajar en el nuevo país en igualdad de condiciones que los nacionales, lo que aumenta la justicia social. Además, la movilidad académica es importante para que los estudiantes amplíen sus conocimientos y experiencia de aprendizaje y se expongan a una cultura y un idioma diferentes. Es así como con la adopción del Convenio Mundial y, en concreto, el Convenio Regional sobre Reconocimiento de Estudios, Títulos y Diplomas, los países han renovado su compromiso por impulsar que la educación superior sea más accesible para alcanzar el compromiso de no dejar a nadie atrás.

7. ESCENARIOS FUTUROS: CAMINOS POSIBLES HACIA UNA UNIVERSIDAD TRANSFORMADORA

Desde una perspectiva prospectiva, el Informe *Pensar más allá de los límites* de UNESCO IESALC (2022a) propuso cuatro escenarios para el futuro de la educación superior: uno basado en la educación superior como derecho fundamental, otro guiado por la disrupción tecnológica, un tercero orientado a una educación superior ecológicamente sostenible y, en cuarto lugar, la reforma incremental del ecosistema que representa la educación superior en el mundo actual y en transformación. Este último, considerado el más esperanzador, propone una universidad comprometida con el bien común, abierta a los saberes diversos, intergeneracionalmente justa y ambientalmente responsable.

Para llegar a este futuro se requiere voluntad política, liderazgo ético y una pedagogía crítica y transformadora que supere las divisiones entre la teoría y la práctica, entre el saber y el hacer. Un modelo orientado a la acción, donde se encuentren los dominios cognitivos, sociemocionales y actitudinales. Esta asunción de una responsabilidad activa, junto al reconocimiento de nuestra diversidad cultural y epistémica, vislumbra un marco dirigido a la promoción del bienestar de nuestro planeta y la sustentabilidad del desarrollo social y económico. Solo así podremos vincular el ecosistema de la educación superior con un modelo de desarrollo transformacional de nuestras sociedades.

TABLA 2

ESCENARIOS PARA EL FUTURO DE LA EDUCACIÓN SUPERIOR

ESCENARIO	CARACTERÍSTICAS DESTACADAS	VISIÓN DE FUTURO
1. Educación superior abierta	Promueve el acceso flexible a través de vías formales, no formales e informales. Recursos educativos financiados públicamente disponibles sin coste	Educación como bien común. Compromiso con la justicia social y acceso equitativo y de calidad
2. Centros de aprendizaje en red con tecnología	Uso de redes virtuales que superan barreras geográficas y de desarrollo. Fomento de innovación educativa y capacidades comunitarias	Espacios inclusivos y democráticos. Acceso abierto al conocimiento y aprendizaje colaborativo
3. Educación superior ecológicamente sostenible	Perspectiva ecológica y responsable. Promueve la interconexión entre personas, planeta y seres vivos	Bienestar en armonía con la naturaleza. Educación como vehículo para el cuidado y la sostenibilidad planetaria
4. Educación superior impulsada por el desarrollo	Refuerza capacidades humanas para afrontar desafíos sociales, económicos y ambientales. Ecosistemas de aprendizaje alineados con el desarrollo social	Conocimiento compartido. Educación que promueve el desarrollo humano y equitativo

Fuente: Adaptado de UNESCO IESALC, 2021.

Para alcanzar esa visión enfocada a garantizar el derecho a la educación superior y su provisión como bien común, en línea con los Objetivos para el Desarrollo Sostenible, (ODS), es necesario un nuevo contrato social, que tal y como propone el informe sobre los *Futuros de la Educación*, repare las injusticias y transforme nuestro futuro. Para ello se proponen seis principios fundamentales:

- Inclusión, equidad y pluralismo para superar las brechas y eliminar toda forma de exclusión (género, religión, lugar de residencia, discapacidad o condición de migrante, entre otros).
- Libertad académica y participación activa de todos los agentes involucrados (líderes, docentes, investigadores personal y sobre todo estudiantes).

- Indagación pensamiento crítico y creatividad como competencias fundamentales para combatir la desinformación y potenciar el pensamiento autónomo, la innovación y el progreso.
- Integridad y ética como eje fundamental para garantizar la tolerancia y la solidaridad desde el respeto a los valores.
- Compromiso con la sostenibilidad y responsabilidad social, para alcanzar las metas establecidas en los ODS a través de las dimensiones sustantivas: enseñanza aprendizaje, investigación con propósito, compromiso y participación social.
- Excelencia a través de la cooperación, para maximizar los resultados de la educación superior en contextos impulsados por el acceso a la información, conocimiento y comunicación mediante la tecnología.

8. UN MODELO TRANSFORMADOR PARA AFRONTAR LOS RETOS Y APROVECHAR LAS VENTANAS DE OPORTUNIDADES

Generar un proceso de cambio profundo que transforme nuestra sociedad es el objetivo que busca el reconocer la educación superior como un bien común, pero para que esto sea posible es necesario llevar a cabo una serie de cambios sustanciales que deriven en una sucesión de transiciones, y las instituciones de educación superior están llamadas a desempeñar un papel fundamental en este camino.

Además, tienen la posibilidad de convocar a diferentes sectores de la sociedad para debatir y definir caminos a seguir con un horizonte de largo plazo. Esto también exige una nueva forma de actuación multi, inter y transdisciplinar en la investigación y la educación, una matriz en la que las nuevas estructuras y plataformas horizontales se suman a las estructuras verticales, a menudo en forma de silo, de las facultades y sus departamentos.

TABLA 3

MODELO TRANSFORMADOR PARA LA EDUCACIÓN SUPERIOR

DESDE	HACIA
Exclusión	Derecho a la educación superior
Orientación disciplinaria	Orientación holística
Silos	Inter y transdisciplinariedad
Enfoque terminal	Enfoque de aprendizaje permanente
Modelo jerárquico y fragmentado	Sistema flexible y diversificado
Pedagogía rígida	Pedagogía por competencias
Desconexión del mercado laboral	Conexión con la economía y empleo
Autocentrismo	Instituciones responsables

Fuente: UNESCO.

En este camino, la Educación para el Desarrollo Sostenible (EDS) es mucho más que un componente curricular: es una brújula ética que debe orientar la formación, la investigación y la gestión institucional, debe impulsar valores con alma. La EDS no solo enseña sobre sostenibilidad, sino que transforma prácticas, valores y relaciones dentro y fuera de la universidad (UNESCO, 2020; 2021). Implica rediseñar planes de estudio, capacitar a docentes, repensar las métricas de calidad, y fomentar una ciudadanía comprometida con el planeta y con los demás, formar a ciudadanos globales enfrentando la complejidad donde el conocimiento y la ciencia abiertos se promueven a través de la transdisciplinaridad desde una visión sistémica. Estos actores fundamentan su desarrollo en el compromiso social, la responsabilidad ética y el desarrollo sostenible.

Sin embargo, no puede haber sostenibilidad sin inclusión. En este contexto, la gobernanza universitaria ocupa un lugar central en el proceso de transformación institucional. Como señala Sáez de Cámara (2023), las universidades sostenibles requieren un modelo de gobernanza que promueva la participación activa de todos los actores, reconozca las múltiples formas de conocimiento y fortalezca los vínculos entre la universidad y su entorno. Este enfoque demanda estructuras horizontales, mecanismos de deliberación colectiva, transparencia institucional y una cultura organizacional orientada al bien común.

9. CONCLUSIONES

La educación superior necesita un giro ético, político y epistemológico. La transición hacia futuros sostenibles no ocurrirá espontáneamente: requiere convicción, diálogo y acción colectiva. Es por ello que las instituciones de educación superior están llamadas a actuar como agentes de transformación, en alianza con gobiernos, organizaciones multilaterales, comunidades y organismos sociales. Es así como, reimaginar la educación superior en clave multilateral es, en última instancia, reimaginar el mundo que queremos.

Un claro instrumento para alcanzar esta transición se sustenta en el modelo de cooperación Sur-Sur no solo como intercambio técnico, sino como construcción de una visión compartida del desarrollo que se nutre de la diversidad cultural y epistémica del sur global (UNESCO IESALC, 2022b). Las redes académicas deben priorizar la equidad, la solidaridad y el reconocimiento mutuo, por ello redes como la Red de Rectores por la Sostenibilidad impulsada desde UNESCO IESALC representa un claro ejemplo de compromiso y colaboración para abordar los desafíos globales que enfrenta la educación superior en la actualidad. El avance de estas acciones requiere del compromiso y de la participación activa de múltiples actores, instituciones de educación superior, gobiernos, empresas, socios técnicos y financieros, organizaciones de la sociedad civil, organizaciones estudiantiles y un largo etcétera, ya que es fundamental el compromiso activo de todos para alcanzarlo.

En el escenario de reimaginar el futuro de la educación superior como bien común, las reflexiones de las diferentes conferencias mundiales y regionales complementan y profundizan este horizonte. Garantizar el derecho a la educación superior requiere políticas de acceso universal, trayectorias flexibles, validación de saberes previos y acompañamiento a estudiantes en situación de vulnerabilidad. Todo ello teniendo siempre presente el rol protagónico que tienen las instituciones de educación superior como protagonistas en la acción climática, la justicia interseccional, la resiliencia comunitaria y la economía circular. Por todo ello, no debemos olvidar incorporar la visión sistémica, intersectorial e institucionalizada de la sostenibilidad como instrumento para garantizar el derecho a la educación superior y el desarrollo sostenible.

BIBLIOGRAFÍA

MAKOE, M. (2022): *Reimaginar el futuro de la educación superior: Perspectivas de un proceso de desarrollo de escenarios hacia 2050*, Conferencia Mundial de Educación Superior (18-20 de mayo de 2022), UNESCO, https://n9.cl/wmcxq9.

MARÚM ESPINOSA, E.; SABZALIEVA, E. y PÉREZ CENTENO, C. (2023): "Los futuros de la educación superior en América Latina y el Caribe", *Revista Educación Superior y Sociedad*, vol. 35, nº 1, pp. 19-28, https://n9.cl/fmy4j.

NACIONES UNIDAS (2022): *Transforming Education Summit: Vision Statement by the Secretary-General*, https://n9.cl/o3cn2.

SÁEZ DE CÁMARA, E. (2023): *Universidades sostenibles: hacia una nueva gobernanza para la transformación institucional*, Universidad del País Vasco, https://n9.cl/oe1oz.

UNESCO (2020): *Educación para los Objetivos de Desarrollo Sostenible: Objetivos de aprendizaje*, Organización de las Naciones Unidas para la Educación, la Ciencia y la Cultura, https://n9.cl/txjod.

— (2021): *Education for Sustainable Development: A Roadmap*, UNESCO, https://n9.cl/oibrke.

— (2022a): *Más allá de los límites: Nuevas formas de reinventar la educación superior*, Conferencia Mundial de Educación Superior (18–20 de mayo de 2022), https://n9.cl/l79z4g.

— (2022b): *Reimaginar juntos nuestros futuros: Un nuevo contrato social para la educación*, UNESCO, https://n9.cl/etgoc.

— (2022c): *Right to higher education: Unpacking the international normative framework in light of current trends and challenges*, https://n9.cl/eor5a.

— (2023): *Informe GEM 2023: Tecnología en la educación. Una herramienta a disposición de quién*, https://n9.cl/po6roc.

UNESCO IESALC (2021): *Pensar más allá de los límites: Perspectivas sobre los futuros de la educación superior hasta 2050*, Instituto Internacional de la UNESCO para la Educación Superior en América Latina y el Caribe, https://n9.cl/lqoans.

— (2022a): *América Latina y el Caribe hacia 2030 y más allá: Escenarios y recomendaciones*, UNESCO IESALC.

— (2023): *Innovative Practices in Higher Education for Sustainable Development*, UNESCO IESALC.

— (2024a): *Declaración de la CRES+5: Compromiso con la democratización y universalización de la educación superior como motor de desarrollo (Brasil, 13-15 de marzo de 2024)*, https://n9.cl/lqes2z.

— (2024b): *Plan de Acción CRES 2018–2028: Acciones estratégicas para la transformación de la educación superior en América Latina y el Caribe*, https://n9.cl/dr5ja.

CAPÍTULO 5

EL ROL DE LAS UNIVERSIDADES COMO ACTORES DE PAZ Y COOPERACIÓN INTERNACIONAL

FRANCISCO ROJAS ARAVENA Y EMILY ALFARO ROJAS

> No es suficiente conceder títulos académicos, es necesario despertar y custodiar en cada persona el deseo de ser.
>
> SS. Francisco

1. INTRODUCCIÓN

La constitución de las distintas civilizaciones ha sido posible por la acumulación de conocimientos. Por la transmisión de lo aprendido, de las lecciones, de las diversas experiencias y, principalmente, por la sistematización del cúmulo de conocimientos adquiridos. Transmitir conocimientos, habilidades y enseñanzas ha sido una de las tareas primitivas que han realizado los seres humanos para su preservación y desarrollo y progreso.

Hace más de 1.000 años surgieron las universidades. En esa nueva institución, se congregaron un grupo de personas que tenían conocimientos, conformando un cuerpo de maestros y un conjunto de estudiantes deseosos de adquirir nuevos conocimientos en las más diversas disciplinas. En la Edad Media, los conocimientos que se congregaban en los claustros de allí pasaron a formar esta nueva institución: la Universidad. Desde esa época las universidades se han expandido por el mundo.

Las universidades, además de ser custodias del conocimiento, desempeñan un papel fundamental en la formación de liderazgos para la gobernanza. Muchos de ellos han sido transformadores al posibilitar saltos cualitativos en los conocimientos y su aplicación a la vida de las personas. Actúan como laboratorios en los que se gestan ideas capaces de cambiar paradigmas. De aportar conocimientos nuevos y educar a estudiantes que a su vez traspasaran esos conocimientos a otras generaciones.

Desde las universidades, se generan nuevas formas de pensar y se proponen alternativas innovadoras frente a los desafíos que enfrentan las personas en sus comunidades. Surgen respuestas que mejoran la vida, a la vez que se reflexiona sobre los deberes y derechos. El derecho de gentes, base del derecho internacional, nació desde la Universidad.

Desde sus inicios, las universidades no solo han sido espacios de transmisión de conocimiento, sino también de transformación social. En ellas se han gestado ideas germinales que han cambiado paradigmas culturales, políticos y económicos. Este papel transformador ha convertido a las universidades en actores fundamentales para enfrentar los desafíos globales, desde la desigualdad hasta el cambio climático; así como de las demandas de las comunidades locales sobre saneamiento del agua, mejoras en agricultura, la educación y la gobernanza.

Con el paso de los siglos, las universidades han evolucionado para adaptarse a los tiempos, integrando nuevas y amplias áreas de estudio y fomentando la interdisciplinariedad. Este enfoque les ha permitido abordar problemas globales desde una perspectiva integral, conectando la ciencia, la tecnología, las humanidades y las artes. Además, su capacidad para congregar a personas de diversas culturas. Las universidades se han constituido en centros de diálogo y cooperación internacional. Además de ser un foco de atención de las necesidades nacionales y de los gobiernos locales.

2. LA PAZ Y LA EDUCACIÓN EN UN SISTEMA INTERNACIONAL CONVULSO

En la actualidad, en un mundo marcado por la interdependencia y las interconexiones, las universidades tienen un rol crucial como catalizadores y promotores de paz y justicia y equidad. Al promover valores como la tolerancia, el respeto, la coexistencia y la igualdad, contribuyen a la formación de ciudadanos calificados, con proyección de liderazgo, con conciencia de su responsabilidad en la construcción de un futuro más próspero y mejor para las sociedades donde están insertas.

Un aspecto esencial de las universidades es su autonomía. La libertad de cátedra es la que permite desarrollar el pensamiento crítico, base desde la cual es posible mirar la realidad para producir los cambios que se requieren. Las universidades miran con empatía el compromiso social, pilar esencial para construir un mundo más justo y equitativo.

Una tarea permanente es pensar en la paz. Sin paz no hay posibilidades de ejercer ningún derecho. En contextos de guerra, la que prima es la muerte y la destrucción. La convivencia humana requiere paz. La convivencia con el planeta es una demanda actual y urgente. Desde las universidades surge el conocimiento científico esencial en la toma de decisiones nacionales e internacionales. De igual forma, en la actualidad, los centros de investigación adscritos a las empresas también producen grandes avances en materias específicas y con altos grados de focalización, particularmente en salud, agricultura y tecnologías. Las universidades son la que poseen el más amplio y plural abanico de conocimientos.

En los centros educativos universitarios, el diálogo y la colaboración interdisciplinaria son herramientas fundamentales para abordar problemas complejos. Por medio de programas académicos enfocados en la paz, los derechos humanos y la sostenibilidad, las universidades se convierten en faros que iluminan el camino hacia sociedades más resilientes y solidarias frente a la violencia o las guerras imperantes.

Las universidades aportan soluciones concretas a los grandes problemas globales. También son espacios donde se fomenta el diálogo entre culturas, promoviendo la solidaridad y el entendimiento mutuo. Por medio de investigaciones interdisciplinarias e internacionales, se han logrado avances significativos en áreas en el marco del multilateralismo. En particular, en materias de paz están los roles diferenciados de diferentes instituciones del multilateralismo, como las Naciones Unidas. Y dentro de su sistema global, el desarrollo de conceptos para la acción como el de Cultura de Paz, que impulsó Federico Mayor Zaragoza.

En la actualidad, en un mundo globalizado, con diversas guerras, desde las territoriales imperialistas hasta las comerciales, que producen recesiones en los países y a nivel global, se crea una policrisis mundial. La pobreza y desigualdad, en esos contextos, crecen, afectando a millones de personas, en especial a las personas más vulnerables. Las universidades son una especie que puede iluminar y generar hojas de ruta hacia un mundo de paz, de convivencia pacífica y resolución de conflictos. Desde las universidades se puede producir el mejor conocimiento para impulsar la búsqueda activa de la paz y las claves para el desarrollo de la cooperación internacional.

Las universidades se dedican a formar profesionales en las más diversas áreas del conocimiento, a la vez que se han comprometido activamente con la promoción de valores fundamentales para la humanidad como la paz, la justicia y la equidad. En sus aulas y centros de investigación, se producen debates profundos que buscan entender las raíces de los conflictos y las desigualdades, dando lugar a soluciones innovadoras que transforman las sociedades. Además, su papel como actores globales las coloca en una posición estratégica para liderar iniciativas de cooperación internacional y de multilateralismo, esenciales en un mundo interconectado. Desde esta perspectiva, la tarea es buscar innovación para la paz.

Las universidades son los órganos pensantes del mundo y los países. Ante las conflictividades del mundo y las injusticias, son las universidades quienes realizan denuncias por su compromiso con los derechos humanos, la igualdad de género, la libertad y la paz. Esto hoy día está siendo cuestionado en algunos lugares del norte global. Desde la década de los años 60, en el contexto de la guerra de Vietnam, los estudiantes demandaron la paz. Ellos fueron actores fundamentales en la búsqueda de la paz que llegaría a inicios de la década siguiente.

Las universidades tienen la responsabilidad de asumir un papel proactivo en la construcción de un mundo más pacífico, justo y estable. Es crucial que las universidades se conviertan en plataformas donde se priorice la enseñanza de valores universales como la convivencia pacífica, la equidad y el respeto mutuo.

Las universidades hoy deben ser capaces de formar a la ciudadanía global que esté capacitada para enfrentar los desafíos del siglo XXI. Programas educativos que integren conceptos como justicia social, resolución de conflictos y desarrollo sostenible, desarme, resiliencia democrática pueden sembrar las semillas para las nuevas generaciones y que estas puedan ser sociedades más resilientes frente a los grandes desafíos y las amenazas y riesgos globales, regionales y nacionales.

Además, las instituciones deben liderar el camino en la creación de redes internacionales para abordar las diversas situaciones que emanan desde el sistema internacional, muchas de las cuales se transforman en riesgos y amenazas. Al fomentar el diálogo entre culturas y comunidades, las universidades pueden convertirse en catalizadoras de soluciones que tengan impacto duradero en la gobernanza global y en la estabilidad regional.

En el primer cuarto del siglo XXI, la humanidad ha enfrentado crisis sanitarias, guerras híbridas, desestabilización del sistema internacional y desconfianza en los entes nacionales e internacionales de mayor significación. Este siglo convulso, que ha despertado luchas de poder y guerras silenciosas, con cambios sustanciales en la geopolítica y la geoeconómica, en un marco de grandes y crecientes conflictividades. Será por medio de la educación la que puede hacer los cambios que se produzcan en las mentes de las personas.

Es allí donde debe primar la idea y los conceptos esenciales de una cultura de paz y no violencia. En los cambios de las mentes de las personas, en sus percepciones, en sus relaciones conceptuales, en donde se anidan las bases de los conflictos. Por lo tanto, es allí donde se debe actuar para que en los sistemas de pensamiento y en el relacionamiento de conceptos e ideas y en el lenguaje se instalen los valores de la humanidad, de la solidaridad, de la compasión, de la estabilidad. Ello por medio de fomentar el diálogo, promover el multilateralismo, la cooperación y la armonía.

Es dentro de los sistemas educativos que se forman los líderes del ahora y del futuro. La Universidad tiene un rol esencial en la cultura de paz, la cultura de la legalidad, la cultura de la cooperación y del respeto del derecho humanitario y el derecho internacional. A la vez que se fortalece una cultura de ciudadanos globales en democracia.

Las tensiones geopolíticas, globales y regionales van en aumento. Junto a ello, la polarización al interior de los países está aumentando, lo que augura un futuro de mayor conflictividad. En estas condiciones en donde los países se enfrentan entre sí, se obstaculizan las oportunidades de recuperación de la estabilidad global y nacional. Las tensiones entre actores centrales y el debilitamiento institucional de los países han permitido un mayor número de contenciosos y de nuevos actores, tal como el crimen organizado transnacional. Para ello se requiere de nuevos enfoques conceptuales que pueda proveer la paz y estabilidad. La institución que puede efectuar esa misión es la Universidad (Guerra, 2024).

La educación enfocada en la paz permite orientar estas iniciativas en propuestas, de transformación de conflictos, de mejoras y mecanismos para la construcción de un mundo estable. Ante la ola de violencia que vive el mundo, la educación es la clave para entender las necesidades que se requieren para incentivar la cooperación nacional e internacional y para crear líderes coherentes con principios y con capacidades extraordinarias para hacer de sus países y del mundo, un lugar seguro y estable con capacidad de convivencia pacífica y armoniosa.

3. PROMOVIENDO LA EDUCACIÓN PARA LA PAZ

A través de la educación, la humanidad ha incorporado elementos históricos que son esenciales para el mantenimiento de las sociedades. A través de la historia se han reconocido errores que han costado miles de vidas, pero de los cuales se han tomado las lecciones aprendidas. Es a través de estos conocimientos que las personas ofrecen nuevas perspectivas para reconocer los territorios y sus incidencias sobre las comunidades. Los errores han fomentado graves contenciosos. Aprender de ellos es fundamental para construir un mundo más estable. La educación enfocada en la paz permite, desde un enfoque holístico, enfrentar los problemas del sistema internacional desde la convivencia pacífica, la transformación y resolución de conflictos.

Las universidades, como centros de pensamiento crítico y avance intelectual, tienen la capacidad de diseñar estrategias integrales que promuevan una comprensión más holística de los conflictos y sus posibles soluciones y el rol de los diversos actores involucrados. Estas estrategias deben enfocarse en los aspectos académicos, y también en fortalecer los valores compartidos de la humanidad.

Además, es imperativo que las universidades fomenten alianzas con actores globales, gubernamentales y no gubernamentales, así como con actores estatales y no estatales. De igual, forma con organizaciones de la sociedad civil y empresarial, con el fin de maximizar el impacto de las propuestas y extender el alcance de la cultura de paz y no violencia. La aplicación práctica de los conocimientos adquiridos en beneficio de las comunidades locales e internacionales con ese diálogo con los más diversos actores será una de las claves del éxito.

Son cada vez más las universidades en el mundo que promueven la educación para la paz y que forman nuevos líderes mundiales enfocados en estos campos. Desde la labor en la Universidad para la Paz (UPEACE) se fomentan los estudios holísticos basados en la búsqueda de paz. Desde sus diferentes maestrías y doctorados se promueve la paz y la convivencia pacífica, actuando en la enseñanza de territorios de conflicto y en la formación de líderes diplomáticos.

Transformar la cultura de la fuerza en una cultura de normas, en una cultura de la palabra, fue la gran misión de Federico Mayor Zaragoza. Es fundamental promover una Cultura de Paz y No Violencia, es decir, desarrollar una cultura donde las palabras y los compromisos de cooperación prevalezcan sobre la violencia y los enfrentamientos armados (Mayor-Zaragoza, 2004).

Es indispensable fomentar una educación que trascienda fronteras, que promueva un entendimiento entre culturas y que forme personas capaces de construir puentes en lugar de barreras. En este sentido, el desarrollo de programas de intercambio internacional y nacionales, y el desarrollo de la colaboración interuniversitaria son elementos clave para el aumento de visones inclusivas, amplias, de carácter holístico para desarrollar nuevos conceptos, metodologías para preparar de mejor manera a las futuras generaciones.

La difícil tarea para construir la paz parece aún más difícil y compleja en el actual contexto internacional. En especial ante las amenazas y desafíos atómicos, ante la violencia extrema en guerras híbridas, las polarizaciones crecientes globales y nacionales, en las más diversas sociedades, en donde se promueve la violencia y el discurso del odio, las verdades alternativas y la desinformación (Rojas-Aravena, 2022). En ello, las redes sociales cumplen un rol esencial con efectos amplificados.

Tanto el Consejo de Seguridad como el Consejo de Derechos Humanos han subrayado y reafirmado la importancia fundamental de la educación para la paz. Por su parte, la UNESCO, en el (2024), en sus recomendaciones sobre educación para la paz y los derechos humanos, señala tres objetivos fundamentales: fomentar la convivencia pacífica, desarrollar habilidades socioemocionales y construir una cultura de paz.

Para alcanzar estos objetivos, se debe generar una educación inclusiva, como base para la cohesión social, la reducción de las conflictividades y que se transforme en la base para la paz. Junto a ello, se requiere un enfoque amplio para reconocer la diversidad y a la vez buscar una participación de la comunidad. Una tarea esencial es la formación de educadores. Es muy importante capacitarlos en metodologías que integren la educación para la paz y se les proporcionen estrategias de mediano y largo plazo. Todo lo anterior se debe ver reflejado en currículums integrados, en actividades extracurriculares y en entornos de aprendizaje positivos. Ello demanda que las escuelas sean espacios seguros y acogedores, donde los estudiantes se sientan valorados, escuchados y se les reconozca su dignidad.

La educación en la paz y la creación de una cultura de paz y de legalidad internacional son procesos que se pueden enseñar, son perspectivas que se pueden replicar y aprender, para ser aplicados en diferentes contenciosos. La voluntad política y el diálogo

—capaz de comprender los intereses efectivos de las partes— siguen constituyendo uno de los valores esenciales para iniciar las rutas hacia una paz efectivamente sostenible.

Necesitamos recuperar la paz y la estabilidad global para exigir el ejercicio de los derechos de la humanidad. Esto demanda en primer término ubicar el patrimonio de los bienes públicos como ejercicio efectivamente global, para la humanidad. Se requiere mayor voluntad política, mayor ejercicio diplomático, detener el discurso del odio y la intoxicación de noticias falsas y verdades alternativas. Esas son tareas esenciales en la aplicación de los instrumentos mencionados: la educación para la paz y la cultura de la paz y no violencia.

La ausencia de educación fundada en valores de la paz, de la democracia, en el reforzamiento de valores, amistad cívica y de concordancia, facilita el autoritarismo. En la actualidad, la desdemocratización y el autoritarismo crecen en el mundo. Se producen y exacerban situaciones de miedo, polarización y xenofobia. Desde allí, las conflictividades, la ingobernabilidad y la ausencia de estabilidad aumentan. La paz social y su cohesión se resquebrajan, las tensiones y las conflictividades se incrementan (Altmann-Borbón y Rojas-Aravena, 2024).

La educación reduce los miedos por medio de la comprensión. El miedo es una de las fuentes principales de los conflictos y la violencia. El miedo se supera por la compresión para percibir lo que el miedo oculta. El miedo al otro se supera por medio del conocimiento primero y luego por la acción compartida y conjunta. La colaboración y la construcción conjunta superan al miedo, crea confianza y abre nuevas oportunidades para empoderar y transformar las sociedades y de la humanidad.

Alcanzar una paz sostenible requiere que en la dimensión político-diplomática-técnica se establezca una efectiva enseñanza en materias de diálogo y del conjunto de los instrumentos previstos en la Carta de las Naciones Unidas para la solución pacífica de las controversias. Esa enseñanza, esos procesos de educación, deben alcanzar al conjunto de actores que toman decisiones en el ámbito de la diplomacia, del uso de la fuerza, de los negocios internacionales, de las relaciones entre actores de las sociedades civiles.

Es un proceso de enseñanza continuo, a lo largo de la vida. En forma paralela, es necesario establecer políticas para la enseñanza de la tolerancia, de la resolución/transformación de conflictos, de la justicia, desde la más tierna infancia. Desde edades tempranas es fundamental que los valores y conceptos de la cultura de la legalidad y la cultura de no violencia y paz estén presentes y sigan a lo largo de la vida. Estableciendo prácticas consecuentes con dichos valores. La tolerancia y la inclusión son fundamentales. También, la transparencia, la equidad y el respeto de las normas del derecho internacional y las normas nacionales de convivencia.

4. LA RESOLUCIÓN DE CONFLICTOS EN EL CENTRO DE ATENCIÓN

Actualmente, la construcción de marcos institucionales para la resolución de conflictos de forma pacífica posee una centralidad menor que la de los instrumentos e instituciones dedicados a la violencia y la guerra. Tampoco la institucionalidad para la prevención de conflictos ha sido significativa.

La diplomacia jugó un rol muy importante en forma paralela al uso de la fuerza, buscando detener los contenciosos y mitigar las consecuencias de los conflictos. Tanto la enseñanza del uso de la fuerza, como de la diplomacia, generan prácticas educativas diferenciadas y culturas institucionales diferentes.

La mayoría de las teorías realistas sobre las relaciones internacionales señalan que la relación e interacción entre los estados y otros actores es anárquica, sin un orden estable, sin una autoridad capaz de ordenar las conductas y comportamientos. Cada uno de los actores actúa sobre la base de la defensa de sus propios intereses (Morgenthau, 1948). En ese contexto, las conflictividades tienen una fuerte preeminencia. Las conflictividades escalan y se miran como suma cero. Las oportunidades de desarrollar cooperación son reducidas y limitadas. Esto demanda un mayor peso en la enseñanza de la educación en la paz y para la paz, que permita abrir espacios de colaboración en pro de la estabilidad y la armonía.

En este contexto, la educación también debe enfocarse en promover habilidades de mediación y entendimiento intercultural. Es necesario que los actores de la sociedad civil, junto con las instituciones educativas, participen activamente en generar una cultura de diálogo que fomente la solución pacífica de disputas y la cooperación entre actores y comunidades diversas. Las universidades pueden proporcionar espacios neutrales para la exploración de soluciones innovadoras y la construcción de narrativas positivas que reduzcan la polarización y avancen a la transformación de contenciosos.

5. ENFOQUES DESDE LA DIPLOMACIA DE SEGUNDO CARRIL

El mundo necesita de nuevos enfoques diplomáticos. Los métodos tradicionales de diplomacia a menudo no son suficientes para enfrentar los desafíos contemporáneos. La Diplomacia de Segundo Carril proporciona un espacio para la innovación en las relaciones internacionales y en los procesos diplomáticos, de solución de controversias o para enfrentar desafíos compartidos. Este tipo de práctica diplomática se destaca por la importancia de los diálogos informales y las iniciativas paralelas para mejorar las relaciones entre los actores y abordar problemas comunes involucrados, en el contexto bilateral o multilateral, regional y global.

Por medio del diálogo informal surgen iniciativas innovadoras que dan cohesión a la respuesta, a los desafíos planteados que muchas veces parecen estar fuera de control. A ello se debe sumar la necesidad de visualizar las consecuencias de los resultados de las políticas de diferentes Estados y otros actores. Las universidades son lugares y espacios propicios para la puesta en práctica de este tipo de diplomacia. Uno de los resultados es mirar posibles escenarios para definir políticas preventivas.

Uno de los mayores beneficios de este enfoque es su capacidad para construir confianza entre las partes, especialmente en situaciones donde las relaciones formales están deterioradas o estancadas. Además, la Diplomacia de Segundo Carril fomenta un entendimiento más profundo de las perspectivas y necesidades de cada actor, lo que facilita la identificación de puntos en común y el diseño de soluciones que sean mutuamente aceptables.

La Diplomacia de Segundo Carril se refiere a los diálogos, comunicaciones e interacciones que se llevan a cabo fuera de los canales diplomáticos oficiales formales. Los factores positivos y propositivos de este tipo de diplomacia es la búsqueda para facilitar los procesos de negociación formales, que por diferentes circunstancias están bloqueados.

El involucramiento tanto de actores oficiales (tanto civiles como militares) como no oficiales es fundamental. Los primeros actúan en esta instancia fuera del marco oficial. De allí que sus miradas, opiniones y criterios no pueden ser atribuidos a la posición diplomática del país o institución por la cual han sido invitados a participar. Pueden no necesariamente reflejarla. Los actores no oficiales, en general, tienen mayores espacios de libertad para expresar sus opiniones.

En muchos casos, al igual que en los invitados oficiales, sus opiniones, pueden no necesariamente reflejar la posición de las instituciones en las cuales se encuentran involucrados. Lo mismo se puede decir de los académicos y los expertos invitados. Esta es la regla básica de los procesos de diálogo de la Diplomacia de Segundo Carril la plena libertad de opinión y de no atribución. La segunda regla es que todos los participantes buscan contribuir de buena fe a la resolución del contencioso que se aborde. O a clarificar el contexto y las raíces de la situación de conflicto. O buscar nuevas formas para mejorar las relaciones entre los diversos actores involucrados.

La Diplomacia de Segundo Carril busca eliminar la formalidad y la presión de negociaciones oficiales, que recogen posturas oficiales, y que limitan las opciones de diálogo y el surgimiento de soluciones creativas. Se busca crear un ambiente propicio para el diálogo y la cooperación, la imaginación, y el surgimiento de ideas innovadoras. Estos encuentros deberían —no siempre lo consiguen— resultar en iniciativas y recomendaciones de políticas, que luego se presentan a los gobiernos y a la sociedad civil como propuestas específicas, para abordar los temas que generan el bloqueo permitiendo cursos de acción hacia soluciones cooperativas.

Estos enfoques, además de su aplicación en contextos internacionales, tienen un gran potencial para ser implementados a nivel local y comunitario. Enfrentar conflictos internos, como disputas territoriales, tensiones interétnicas o conflictos vecinales, requiere un conjunto de herramientas que promuevan el entendimiento mutuo y la cooperación. La Diplomacia de Segundo Carril, con su énfasis en el diálogo informal y en la participación activa de diversos actores, puede ser adaptada para desarrollar soluciones a problemas que afectan directamente a las comunidades.

Asimismo, es vital fomentar alianzas entre universidades, organizaciones de la sociedad civil y gobiernos locales, para explorar y debatir iniciativas innovadoras que respondan a los conflictos cotidianos. Estos espacios pueden servir como laboratorios de paz donde las comunidades se apropien de las habilidades del diálogo y la mediación, la negociación y la transformación de conflictos, creando un efecto multiplicador que trascienda los contextos específicos.

Además, es crucial incluir la dimensión tecnológica en estos procesos. El uso de plataformas digitales para facilitar el diálogo, compartir recursos y recopilar datos puede optimizar los resultados de estas iniciativas. En un mundo cada vez más interconectado, las herramientas digitales pueden actuar como puentes entre comunidades distantes, permitiendo la creación de redes globales de colaboración en pro de la resolución pacífica de disputas.

Por último, es necesario seguir profundizando en la formación de nuevas generaciones que valoren el diálogo, la empatía y la cooperación como pilares fundamentales para la construcción de sociedades sostenibles y armoniosas. La integración de estas competencias en los programas educativos, desde niveles básicos hasta universitarios, asegurará que los futuros líderes estén equipados para enfrentar los desafíos de un mundo cada vez más complejo, interdependiente y conflictivo.

6. RECOMENDACIONES DE POLÍTICAS

Un aspecto relevante en la actualidad es profundizar la formación de profesiones altamente calificadas, con visiones holísticas y con altas capacidades en las áreas de especialización. En las universidades se generan las capacidades para los estándares antes mencionados por medio de la investigación, la investigación aplicada, por la búsqueda permanente de innovación y reflexión crítica. En la actualidad, ello establece una fuerte interrelación y un mayor conocimiento de la inteligencia artificial y los conocimientos tecnológicos y sus aplicaciones en las diferentes áreas del saber.

Las universidades deben pensar en la promoción de valores universales, los derechos humanos y sobre nuestra Casa Común y a la vez cómo se vinculan y se interrelacionan con habilidades específicas.

En esta línea, las recomendaciones para formar profesionales con miradas desde una ciudadanía global demandan una focalización, en lo referido, a promover la paz y la estabilidad, en profundizar los conocimientos en áreas significativas tales como: Pensamiento crítico que pueda analizar las diferentes variables de la conflictividad y producir investigaciones que se transformen en referencias. Interculturalidad. Fomentar el conocimiento mutuo, el conocer a los otros. Ello permitirá actuar de forma eficiente en contextos de diversidad. Experiencias exitosas, como los programas Erasmus, pueden ser replicadas.

Nuevas capacidades para el diálogo, enseñar a dialogar, la importancia de las palabras y como estas crean realidades. Comprender los nuevos problemas generados por los diálogos virtuales y el rol de los algoritmos. Dialogar de forma eficiente supone incrementar las capacidades de comunicación efectiva, de comunicación transparente, de escucha activa. Negociación y Mediación son tareas esenciales que deberían estar en los currículos de todos los estudios en las universidades, y en un marco más general es deseable que lo estén desde la escuela.

A través de estas estrategias, la Diplomacia de Segundo Carril logra enfrentar conflictos de manera innovadora y también construir puentes entre diversos actores. Es fundamental reforzar el papel de las universidades como centros del conocimiento y la formación. Las universidades están llamadas a liderar procesos que integren investigación aplicada con la promoción de valores universales, en el marco de la interculturalidad. El uso de la Inteligencia Artificial puede potenciar diálogos más inclusivos y efectivos.

Estas habilidades posibilitarán formar a los nuevos líderes del futuro para enfrentar los desafíos que heredarán y la emergencia de nuevos riesgos y amenazas. La educación es esencial en estos procesos. De allí que, si queremos la Paz, trabajemos por la Paz.

BIBLIOGRAFÍA

Altmann Borbón, J. y Rojas Aravena, F. (2022): *América Latina y el Caribe: ¿Hay voluntad política para construir un futuro diferente?*, Universidad para la Paz, https://n9.cl/6o882f.

Guerra, V. (ed.) (2024): *Economías criminales: enfoques multidimensionales*, Editorial Diké, https://n9.cl/lht3r.

Mayor Zaragoza, F. y Mateos García, Á. (2003): ¿Por qué una cultura de paz?, *Polylog. Foro Multilingüe de Filosofía*, *5*, https://n9.cl/popy3.

Morgenthau, H. (1948): *Política entre las naciones. La lucha por el poder y la paz*, Marcial Pons.

Rojas-Aravena, F. (2022): La emergencia de las amenazas híbridas en las Américas, *CEERI*, 1: 1, Universidad para la Paz, https://n9.cl/uf7a2.

UNESCO (2024): *Recomendación sobre la educación para la paz y los derechos humanos, la comprensión internacional, la cooperación, las libertades fundamentales, la ciuda¬danía mundial y el desarrollo sostenible*, https://n9.cl/gagsos.

CAPÍTULO 6

LA UNIVERSIDAD RESPONSABLE EN EL MARCO DE LOS ODS: UN AGENTE TRANSFORMADOR CLAVE EN UNA NUEVA GEOPOLÍTICA

Mª JESÚS SUCH DEVESA, Mª JESÚS SALADO GARCÍA Y ELENA MAÑAS ALCÓN

A lo largo de su historia, las universidades han desempeñado un potente rol en la transformación de sus entornos, comportándose como agentes civilizatorios, siempre a la vanguardia del cambio. Adaptando sus misiones al servicio a la sociedad y a los requerimientos de cada época, han generado múltiples impactos contribuyendo de forma decisiva al progreso social, económico, cultural y tecnológico del territorio donde están ubicadas.

Superado ya el primer cuarto del siglo XXI, la sociedad del conocimiento enfrenta riesgos socioambientales globales y sistémicos que exigen una gestión responsable de los impactos colectivos de las organizaciones. Las universidades, organizaciones con funciones singulares, tienen un enorme potencial transformador y, por tanto, una gran responsabilidad. Responsables son de formar, desde el punto de vista técnico y ético, a la ciudadanía, a los profesionales y los científicos como colectivos capacitados y motivados para abordar los nuevos desafíos. Responsables son de promover una investigación socialmente útil. Responsables, también, de impulsar foros de transmisión, debate y cocreación de nuevas ideas y de alumbrar, a través de esos espacios de diálogo, proyectos para un futuro más equitativo, democrático y sostenible. Y, por fin, responsables, como organizaciones que se autogestionan, de conducirse sobre los valores y principios de la sostenibilidad y de liderar la transición hacia un modelo de producción, consumo y distribución equilibrado, justo también con las generaciones venideras. Así, la Responsabilidad Social Universitaria (RSU) se convierte en un pilar fundamental para alcanzar los objetivos de desarrollo sostenible y las metas en las que estos se concretan.

1. UNA UNIVERSIDAD TRANSFORMADORA EN SU FUNCIÓN DOCENTE: ENSEÑAR PARA COMPRENDER Y COMPRENDER PARA ACTUAR

Existe una creciente necesidad de que todas las personas desarrollemos y mejoremos de manera permanente nuestros conocimientos, capacidades y actitudes para vivir, trabajar, gestionar y actuar, en general, de manera sostenible (Comisión Europea, 2022). En este ámbito, las universidades, como instituciones formativas de nivel superior, poseen una enorme capacidad de impacto y tienen a sus egresadas y egresados como principales agentes potenciales de cambio (REDS, 2020).

Por un lado, es esencial formar para el desarrollo sostenible a las futuras generaciones de líderes y profesionales de todas las ramas del conocimiento, ya que desempeñarán roles cruciales en la toma de decisiones en todo tipo de organizaciones diversas; y también a quienes ya están ejerciendo su actividad profesional (a través de la formación permanente). Por otro lado, en la medida en que la sostenibilidad interpela a todas personas y a todo tipo de actores a escala global, formar para una ciudadanía responsable, cualificada y atenta a las cuestiones de sostenibilidad es también fundamental, promoviendo a través la acción docente universitaria que el actuar cotidiano de todos ellos se asiente sobre conocimientos, habilidades, competencias y valores necesarios para enfrentar los desafíos de un mundo tan complejo y exigente.

En línea con lo anterior, la Recomendación del Consejo Europeo de 16 de junio de 2022 relativa al aprendizaje para la transición ecológica y el desarrollo sostenible (2022/C 243/01) (Diario Oficial de la Unión Europea, C 243/1) plantea intensificar los esfuerzos para apoyar la transición ecológica y promover el aprendizaje para el desarrollo sostenible como ámbito prioritario de las políticas y programas de educación, clave para la transformación económica y social, y componente básico de una educación de calidad. De manera coherente con dicha Recomendación, la Comisión Europea (2022) propone el desarrollo de un marco de competencias ciudadanas para la sostenibilidad (GreenComp) como pieza fundamental de su Pacto Verde y, con ello, apela al conjunto de la comunidad universitaria, en particular a sus docentes. Su demanda de una capacitación rigurosa en esta materia debe ser atendida para afrontar el riesgo de diluir o menoscabar conceptos amplios y exigentes como el de sostenibilidad (Chuvieco *et al.*, 2022; Yarritu *et al.*, 2024).

Abordar la tarea docente universitaria teniendo como marco dichas competencias proporcionaría una contribución decisiva para que las personas apreciemos y respaldemos los valores de la sostenibilidad, asumamos su complejidad, apliquemos el pensamiento sistémico y crítico y desarrollemos la capacidad y el deseo de actuar sobre la base de conocimientos sólidos y compartidos. En definitiva, si queremos ser útiles para dar soluciones urgentes a la policrisis que enfrentamos, la Universidad ha de volcarse de manera consciente en enseñar para comprender y comprender para actuar.

Desplegar todo este potencial transformador a través de la docencia requiere de una profunda revisión del quehacer habitual en esta función de tanta trascendencia (Comisión Europea, 2024; Javorka *et al.*, 2024). Entre los cambios que deben darse para alinear la tarea de las universidades con este marco cabe destacar la revisión profunda y reflexiva de planes de estudio, la incorporación de nuevos contenidos con una mirada más holística e interdisciplinar y de metodologías activas de enseñanza aprendizaje (Mañas *et al.*, 2024; Viera Trevisan *et al.*, 2024).

Preguntarnos qué podemos y debemos hacer como docentes universitarios y qué estamos haciendo realmente; si los contenidos, las competencias y metodologías docentes se están adaptando a un ritmo suficiente a este nuevo escenario de riesgos sistémicos, problemas complejos, aceleración de los cambios e incertidumbre creciente; si estamos siendo capaces de desarrollar cauces de interlocución adecuados para conectar mejor con nuestro estudiantado.

Entender el papel clave de esta misión formativa de las universidades pasa por recordar que la educación, además de constituir un derecho humano en sí mismo, es también un factor de empoderamiento y democracia, indispensable para el mantenimiento y disfrute de otros derechos humanos, como la capacidad de participar activamente en la vida política del país. Una ciudadanía educada representa una amenaza solo para aquellos gobiernos que buscan restringir las libertades fundamentales.

2. UNA UNIVERSIDAD QUE IMPACTA A TRAVÉS DE SU FUNCIÓN INVESTIGADORA: COMPRENDER LOS PROBLEMAS DE INSOSTENIBILIDAD GLOBAL Y APORTAR SOLUCIONES COCREADAS

Junto a la función docente, la producción de conocimiento a través de la investigación científica es otra de las misiones singulares de las universidades. A esa capacidad de expandir la frontera del conocimiento y de realizar descubrimientos disruptivos, hay que añadir su función social de filtro de conocimientos, escogiendo unos y descartando otros (Vallaeys y Álvarez-Rodríguez, 2022), definiendo así cuáles son aquellos con mayor potencial de trascender y provocar impactos socioambientales.

Por ello, la literatura sugiere que las universidades deben integrar los ODS y los principios de la Agenda 2030 de Naciones Unidas en todas sus nuevas iniciativas, también en la investigación (Korhonen-Kurki *et al.*, 2019). Cuando se trata de los grandes y urgentes retos mundiales enunciados en los ODS de la Agenda 2030, es vital disponer de pruebas claras, basadas en la investigación rigurosa, sobre la urgencia y la magnitud de los problemas y las implicaciones del fracaso en su abordaje, así como centrarse sin descanso en ofrecer soluciones que funcionen, lo que interpela de lleno a las universidades.

Se trata de descender a los análisis y debates profundos e interdisciplinares que la enorme complejidad de los desafíos globales requiere (policrisis y sistemas entrelazados y de efectos superpuestos), y que las 169 metas establecidas para los 17 ODS y sus múltiples interrelaciones hacen patente de forma muy clara. Este abordaje de la complejidad, de la interdisciplinariedad, resulta una obligación ineludible de las universidades en su labor investigadora, aunque la geopolítica a menudo se orienta en la dirección contraria, sobre la base de eslóganes y visiones parciales que conducen a una aceleración y profundización de las crisis ya en marcha.

3. UNA UNIVERSIDAD AL SERVICIO DE LA SOCIEDAD E INCARDINADA EN SU ENTORNO: CREANDO ESPACIOS DE COLABORACIÓN MULTIACTOR PARA SOLUCIONAR PROBLEMAS REALES COMPLEJOS

Algunos autores van más allá al proponer que el establecimiento de colaboraciones internas y externas en las universidades puede acelerar el cumplimiento de los ODS, permitiendo que la educación superior contribuya de manera más completa al avance del bienestar económico, ambiental, cultural e intelectual de las comunidades globales (Purcell, Henriksen y Spengler, 2019). Bajo esta perspectiva las universidades deberían involucrar a las y los estudiantes, al personal, a las familias, a la comunidad local y al conjunto de la sociedad, a través de los numerosos cauces a su disposición.

En definitiva, la Universidad debe fortalecer su papel como ágora, porque las soluciones, y mucho más la posibilidad de su implantación, no vendrán solo de la ciencia, sino de la capacidad de escuchar, de acordar y de construir juntos. La complejidad de los problemas a abordar y la diversidad de voces en ellos implicados precisa foros no partidistas de diálogo y cocreación, espacios de innovación colaborativa en que puedan encontrarse inversores, gobiernos, colectivos de ciudadanos, grupos de opinión, empresas, jóvenes, etc. (Herth, *et al.*, 2024).

Desplegar el potencial de la Universidad para generar impactos positivos socioeconómicos y ambientales pasa por reconsiderar cómo ejerce su capacidad de colaboración e influencia:

desde arriba (gobiernos, grandes empresas...); y/o desde la base (ciudadanía, jóvenes, microempresas...). Se ha señalado que las universidades están en el negocio de la verdad. Actúan como crítica y conciencia de la sociedad, al margen de los gobiernos. Su papel como asesores políticos claros y francos es más importante que nunca (WEF, 2023). Pero no deben descuidarse los cauces de interlocución desde la base, conectando mejor con nuestro estudiando, con la ciudadanía, en la idea de reforzar nuestro impacto positivo también desde abajo hacia arriba.

4. GESTIONAR UNIVERSIDADES ALINEADAS CON EL DESARROLLO SOSTENIBLE: TRANSVERSALIZANDO LA SOSTENIBILIDAD

Para poder desplegar todo ese potencial que le concede el hecho de ser un lugar privilegiado de formación, conocimiento y conexión entre agentes sociales, la Universidad tiene ante sí enormes retos en su gestión que ha de abordar también involucrando a toda la comunidad universitaria y al entorno en el que se inserta. Las universidades que persigan alinearse con el desarrollo sostenible deberán aprender a observarse y a conocerse a sí mismas, y a su entorno local y global, considerando nuevas perspectivas en sus relaciones (Vallaeys y Álvarez-Rodríguez, 2022); en definitiva, a estar en permanente alerta y autodiagnóstico en la búsqueda de la mejora permanente.

Cabe destacar el importante papel que juegan en todo ello los sistemas de evaluación de la calidad en las universidades, lo que viene determinado tanto desde dentro de estas como, sobre todo, por agentes nacionales e internacionales de evaluación y acreditación, en los que muchas de las acciones más pertinentes para la sostenibilidad no tienen vías para visibilizarse y valorarse. Gestionar la Universidad de modo que, al cumplir con las tareas principales de formación e investigación, se consigan unos impactos sociales y ambientales cada vez más positivos, no será posible sin cambiar los principales criterios e indicadores de evaluación y acreditación de la calidad universitaria (Vallaeys y Álvarez-Rodríguez, 2022), siendo fundamental que dichos indicadores sean pertinentes y coherentes con los objetivos que se enuncien por la Universidad en esta línea. Pertinente sería poder medir si el modo en que la Universidad ejerce sus funciones de formación, investigación y diálogo con la sociedad contribuye a agrandar o a cerrar la brecha social y económica que, desde la crisis de 2008, parece abrirse inexorablemente y que alimenta las preocupantes derivas autoritarias actuales.

Dadas las condiciones presentes, caracterizadas por una nueva geopolítica basada en la capacidad de presión de los poderosos y sus aliados, asistimos a un cuestionamiento de derechos fundamentales de las personas, amenazas de una crisis climática y de biodiversidad apremiantes, una creciente escasez de recursos y una distribución inequitativa evidente, por lo que resulta cada vez más crucial considerar la sostenibilidad en todas las decisiones, desde todas sus dimensiones.

En un mundo donde la sostenibilidad se revela como la única garantía de un futuro viable, la Academia no solo no puede permanecer indiferente, sino que ha de buscar la manera de tener el más profundo y extenso impacto positivo. Este, y no otro, es hoy el verdadero sentido de la Responsabilidad Social Universitaria (Vallaeys, 2021). Sin embargo, se debe ser consciente de que no siempre existen de manera suficiente planteamientos institucionales integrales en materia de sostenibilidad que aborden todos los ámbitos de actividad (la enseñanza y el aprendizaje, la gobernanza, la investigación y la innovación, y la gestión de las infraestructuras, las instalaciones y las actividades).

El problema de fondo es la falta de reconocimiento, tanto interno como de la propia sociedad, del alcance de sus impactos curriculares y cognitivos (que, como hemos apuntado antes, pueden tener peligrosas repercusiones). A diferencia de lo que sucede en la esfera empresarial, en particular de las grandes compañías, las universidades no se están viendo interpeladas y sometidas a la presión social de su entorno del mismo modo para exigirles también responsabilidades por sus impactos.

5. LA AGENDA 2030 Y LAS AGENDAS DEL FUTURO COMO FARO DE LAS UNIVERSIDADES

Cuando parecían asumidas las misiones ampliadas de la Universidad incluyendo su contribución a la educación para el desarrollo sostenible, iniciativas visibles por doquier en países rendidos a los caprichos de autoridades con rasgos autocráticos no solo frenan ese protagonismo, sino que lo hacen retroceder bajo la explicación de tratarse de instituciones hostiles. Hostiles para gobiernos que parecen buscar controlar el conocimiento y la libertad académica (aunque no solo, dicho sea de paso).

La respuesta de las universidades ante estas presiones debe ser firme: su misión al servicio a la humanidad a través de la verdad científica y la reflexión dialógica en pro del bien común, no la alineación con intereses políticos o económicos efímeros. Las universidades tienen la responsabilidad y la capacidad de liderar el cambio hacia un futuro más justo, democrático y sostenible. Deben revisar sus planes de estudio, integrar los ODS y las competencias para la sostenibilidad en todas sus áreas de actuación y promover una educación que forme una ciudadanía crítica y comprometida. En un mundo donde la geopolítica del disparate amenaza con socavar los avances en sostenibilidad en todas sus dimensiones, las universidades deben ser agentes activos de transformación, basándose en la investigación, la educación y la crítica para contribuir al bienestar de la humanidad y del planeta.

La Agenda 2030, con sus luces y sombras, y las agendas globales que vendrán en el futuro para continuar encarando los viejos y nuevos desafíos del desarrollo sostenible, han de ser faro para las universidades y, por ello, objetivo irrenunciable en su hoja de ruta.

BIBLIOGRAFÍA

CHUVIECO, E. *et al.* (2022): Inventory and Analysis of Environmental Sustainability Education in the Degrees of the University of Alcalá (Spain), *Sustainability*, vol. 14, nº 8310, https://n9.cl/nrrq2.

COMISIÓN EUROPEA (2022): *GreenComp, El marco europeo de competencias sobre sostenibilidad*, Comisión Europea, Centro Común de Investigación Oficina de Publicaciones de la Unión Europea, https://n9.cl/nh1y8h (consultado el 12 de abril de 2024).

Comisión Europea *et al.* (2024): *Learning from practice : a compendium of case studies on GreenComp*, Oficina de Publicaciones de la Unión Europea, https://n9.cl/phpop.

Consejo Europeo 243/01 de 16 de junio de 2022 relativa al aprendizaje para la transición ecológica y el desarrollo sostenible. "DOUE" [Diario Oficial de la Unión Europea] núm. 243, (27 de junio de 2022), pp. 1-9, https://n9.cl/23godc.

Herth, A.; Verburg, R. (2024): The Innovation Power of Living Labs to Enable Sustainability Transitions: Challenges and Opportunities of On-Campus Initiatives, *Creativity and Innovation Management*, https://n9.cl/q78r8l.

Javorka, Z. *et al.* (eds.) (2024): *GreenComp in practice – Case studies on the use of the European competence framework – Analytical report*, European Commission: 3S, Directorate-General for Education, Youth, Sport and Culture, Technopolis Group, Publications Office of the European Union, https://n9.cl/nocph.

Korhonen-Kurki, K. *et al.* (2019): Towards Realising SDGs in the University of Helsinki, *Sustainable Development Goals and Institutions of Higher Education*, https://n9.cl/8k310.

Mañas, E. *et al.* (2024): *Agenda 2030 y ODS en las guías docentes de los estudios de economía y empresa de las universidades públicas en la Comunidad de Madrid*, Economistas sin Fronteras.

Purcell, W., Henriksen, H. y Spengler, J. (2019): Universities as the engine of transformational sustainability toward delivering the sustainable development goals, *International Journal of Sustainability in Higher Education*, https://n9.cl/7jqko.

REDS (2020): *Cómo evaluar los ODS en las Universidades*, Red Española para el Desarrollo Sostenible y SDSN Spain.

Vallaeys, F. (2021): *Manual de Responsabilidad Social Universitaria. El modelo URSULA: estrategias, herramientas, indicadores*, Unión de Responsabilidad Social Universitaria Latinoamericana (URSULA), https://n9.cl/x881w.

Vallaeys, F. y Álvarez-Rogríguez, J. (2022): El problema de la responsabilidad social de la Universidad. *Teoría de la Educación, Revista Interuniversitaria*, vol. 34, nº2, pp. 109-139, https://n9.cl/cq006.

Viera Trevisan, L., Leal Filho, W. y Ávila Pedrozo, E. (2024): Transformative organisational learning for sustainability in higher education: A literature review and an international multi-case study, *Journal of Cleaner Production*, vol. 447, nº 141634, https://n9.cl/lisio.

Baty, P. (2023): "Por qué las universidades deben ayudarnos a alcanzar los Objetivos de Desarrollo Sostenible", *World Economic Forum*, https://n9.cl/x6mjxj.

Yarritu I. *et al.* (2024): The representation of sustainability among university teachers: knowing the present to change the future, *International Journal of Sustainability in Higher Education*, vol. 25, nº 2, pp. 319-337, https://n9.cl/rqq13.

TERCERA PARTE

UNIVERSIDADES PARA EL SIGLO XXI: DE LAS UNIVERSIDADES QUE TENEMOS A LAS UNIVERSIDADES QUE NECESITAMOS

CAPÍTULO 7

LA TRANSFORMACIÓN NECESARIA

ALFONSO GONZÁLEZ HERMOSO DE MENDOZA

> Esperanzarse es mostrarse capaz de anticipar lo por venir y comenzar, desde ya, a transformar nuestras condiciones actuales de vida.
>
> Antonio Lafuente

1. TRANSFORMARSE PARA TRANSFORMAR EL MUNDO

Podemos afirmar, con el ex rector de la Universidad Complutense de Madrid, Gustavo Villapalos, que las universidades viven de su crisis. Una universidad complaciente con sus logros, que renuncie a incomodar a los poderes económicos o políticos, que se limite a adaptarse a su entorno y renuncie a una relación recursiva con las comunidades que la acogen para contribuir a su mejora, es, en realidad, una universidad muerta, una universidad solo de nombre.

Las universidades son instituciones en transformación permanente porque su razón de ser proviene precisamente de la tarea excepcional que se les encomienda: transformar el mundo transformándose a sí mismas. Por un lado, se espera de ellas que contribuyan a resolver los grandes retos contemporáneos —el cambio climático, la desigualdad, las migraciones, la salud—; por otro, deben transformarse internamente para estar a la altura de esas exigencias, revisando sus estructuras, sus modelos de gestión y su relación con la sociedad.

Esta doble transformación debe partir del atributo que les es propio y diferenciador: la libertad académica, garantizada por su capacidad de autogobierno. Una autonomía que sabemos se tiene que construir en diálogo constante con las presiones de los mercados, los intereses corporativos, las reclamaciones de los activistas, las imposiciones partidistas y, de manera especial, con la regulación y financiación de las administraciones de tutela.

Es evidente la enorme desproporción entre la relevancia que las universidades tienen para una sociedad democrática y su posición en la organización política del Estado, así como los limitados recursos de todo tipo de los que disponen. Su poder no reside en el dominio económico ni en la influencia política, sino en su capacidad para crear conocimiento abierto, educar a las personas, comprometerse con las demandas sociales y generar confianza. Estas son las fortalezas desde las que deben construir su ejemplaridad ante la sociedad. Pocas veces se han reflejado mejor estas ideas que en las palabras de George Steiner en sus memorias, *Errata*, donde afirma:

> Las universidades son, desde su instauración en Bolonia, Salerno o el París medieval, bestias frágiles, aunque tenaces. Su lugar en el cuerpo político, en las estructuras de poder ideológicas y fiscales de la comunidad circundante, nunca ha estado exento de ambigüedades. Están sometidas en todo momento a tensiones fundamentales.

La grandeza de las universidades proviene precisamente de ser esas bestias frágiles y tenaces, siempre sujetas a tensiones fundamentales.

2. TENSIONES FUNDAMENTALES

Las universidades están condenadas a vivir en una doble tensión: por un lado, convivir con la tentación —cuando no la intención— del poder político y económico de mitigar, controlar o incluso destruir su voz; por otro, resistir la deriva de entender el autogobierno como una vía para atender intereses corporativos o satisfacer las necesidades personales y profesionales de sus profesores.

En el mundo actual, globalizado y privatizado, ser libre siendo frágil y vivir en crisis permanente —en definitiva, ser una universidad— solo es posible desde una profunda imbricación de sus actividades con las esperanzas de las comunidades a las que pertenecen. Priorizar la escucha, articular las demandas de sus entornos, impulsar la creación de conocimiento junto a estudiantes y afectados, y tejer redes robustas y recíprocas con otras instituciones libres de conocimiento son las claves para la transformación posible de las universidades. Un cambio cultural que debe dirigirse hacia el único propósito que, en el siglo XXI, da sentido y viabilidad a la Universidad: procurar el bien común global.

La expansión del negocio de la educación superior, la industrialización de la ciencia, los costos de atender las disrupciones tecnológicas en la enseñanza, la mercantilización de las relaciones de aprendizaje o la irrupción de ideologías iliberales y la guerra cultural hacen imprescindible, para las sociedades democráticas, disponer de espacios libres para el conocimiento. Espacios de cocreación, autónomos, no sometidos ni al poder económico ni a las tentaciones autoritarias de los gobiernos. Verdaderos laboratorios sociales, capaces de ofrecer datos honestos y hechos fiables sobre los que fundamentar las decisiones de gobierno y articular el debate público. Asimismo, centros que garanticen el derecho a la educación a lo largo de toda la vida. Las universidades del siglo XXI son una extensión necesaria del Estado social y democrático de derecho.

Conviene destacar, porque a menudo se olvida, que las universidades han construido históricamente su identidad reafirmando su propósito de transformar el mundo. Así lo reflejan los lemas que han elegido para ser reconocidas, en los que, por encima de cualquier otro atributo, reivindican su condición de espacios de libertad y conocimiento. *Libertas perfundet omnia luce* (La libertad ilumina todas las cosas con su luz) proclaman tanto la Universidad Complutense como la Universidad de Barcelona, mientras que la Universidad de Salamanca declara con contundencia: *Scientia est potentia* (El conocimiento es poder).

3. AHORA MÁS QUE NUNCA

Posiblemente nunca como ahora ha sido tan determinante para las sociedades democráticas disponer de una mirada limpia y compartida desde el conocimiento, como la que garantiza la libertad académica que da sentido a las universidades. Sin esta libertad, es imposible defender el bien común ni cuestionar un futuro presentado como inevitable e irreversible, aunque sea inhumano e insostenible, fruto de la avidez de poder y lucro ilimitado de unos pocos. Del mismo modo, necesitamos a las universidades para desenmascarar las falsedades intencionadas que buscan polarizar, promover la venganza de los excluidos y corroer la convivencia, legitimando la superstición y amparando el capricho de los plutócratas que se erigen en intérpretes del determinismo tecnológico.

En palabras de Meghan O'Rourke, profesora de la Universidad de Yale, en su célebre artículo en *The New York Times* sobre las presiones a las universidades del gobierno de Estados Unidos, "lo que se está cuestionando es algo más profundo: la capacidad de las instituciones para mantener las libertades que constituyen la base de nuestra democracia".

En la situación actual, solo desde una ignorancia inexcusable o desde la defensa de privilegios inconfesables puede mantenerse la soberbia académica y las jerarquías globales que sirvieron de fundamento a un pasado que se resiste a desaparecer. Estas actitudes son alentadas internamente, tanto por el confort de los equipos de gobierno como por la promoción del individualismo entre el profesorado, lo que irremediablemente conduce a la falta de compromiso con un proyecto compartido. Externamente, son impulsadas por comportamientos extractivistas de las administraciones y de diversos grupos de interés. Resulta llamativo que estos paradigmas, que prometían grandes beneficios económicos para las universidades y riqueza para los territorios, hayan desembocado en una situación generalizada de quiebra económica y en una creciente deslegitimación social.

4. BIEN PRIVADO FRENTE A BIEN COMÚN

Con independencia de su titularidad pública o privada —una realidad condicionada por la cultura propia de cada sistema universitario—, el actual escenario político y económico tiende a limitar los espacios de actuación de las instituciones universitarias, conduciéndolas, de manera consciente, hacia la irrelevancia. En este contexto de deterioro —si no consentido, sí al menos resignado— de la libertad académica, suele ignorarse que el verdadero debate sobre la privatización de las universidades no reside en su titularidad, sino en el propósito que persiguen: si este responde al beneficio exclusivo de unos pocos o al bien común, y si cuentan con un marco de autonomía real para hacerlo posible o, por el contrario, su actividad se rige por criterios de rentabilidad económica o de autoritarismo ideológico.

Resulta difícil encontrar otro propósito viable que justifique y dé continuidad a las universidades en el siglo XXI —tal como las hemos concebido en la cultura occidental— que no sea el de contribuir a la construcción del bien común global. En definitiva, su razón de ser radica en la materialización de los derechos humanos inherentes a la dignidad de la persona y en garantizar el compromiso de las generaciones presentes con las futuras.

La falta de iniciativa de los equipos de gobierno, el conformismo individualista del profesorado, la transacción interesada con los títulos por parte de los estudiantes, el desapego de los grupos de interés y la incompetencia —confundida no pocas veces con ideología— de las administraciones públicas, han terminado por silenciar el debate sobre el propósito de las universidades o, en su defecto, por reconducirlo a términos de enfrentamiento partidista o a titulares periodísticos provocadores. Ante la ausencia de liderazgo político y académico —cuando no frente a su manipulación cortoplacista—, asumir pasivamente la inercia actual en la evolución de las universidades compromete seriamente su futuro y, con él, el de la democracia.

5. UN NUEVO PACTO CON LA SOCIEDAD

La revisión del propósito que encarna la universidad ya fue advertida por la UNESCO en la Declaración Mundial sobre la Educación Superior en el siglo XXI (1998), donde se explicitaba "la necesidad de una nueva visión y un nuevo modelo de la educación superior". De igual modo, no resulta casual que, en su Informe de 2021, *Reimaginar juntos nuestros futuros*, la UNESCO enfatizara que el liderazgo de las universidades exige la construcción de un nuevo pacto con la sociedad: un nuevo marco de relación con las comunidades que las acogen, basado en el bien común global y en la asunción de su papel como cocreadoras de los objetivos y respuestas que demanda la sociedad.

Del mismo modo, el Informe de la Asociación de Universidades Europeas, *Universidades sin muros. Una visión para 2030*, subraya también la necesidad de articular ese nuevo pacto entre universidades y sociedad, cimentado en la transparencia, la evaluación compartida y la comunicación efectiva de sus logros y desafíos.

Este cambio cultural y el pacto con la sociedad exigen un mayor rigor y una responsabilidad más estricta en la forma en que las universidades se presentan y rinden cuentas. Cualquier transformación que se pretenda impulsar debe sustentarse en una comunicación transparente y bidireccional con la sociedad, y especialmente con las administraciones responsables de su regulación y financiación.

No podemos perder de vista que la crisis de confianza que atraviesan las universidades, especialmente las públicas, responde tanto a factores externos —como la presión del mercado o la sobrerregulación— como a carencias internas, entre ellas la falta de transparencia y la limitada capacidad para comunicar de manera efectiva su verdadero impacto social.

Una universidad orientada hacia el bien común global debe ser capaz de medir y compartir su impacto territorial, sus aportaciones a la sostenibilidad y la responsabilidad ambiental, su promoción de la diversidad epistémica y curricular, su apoyo a la equidad, la inclusión y el bienestar, así como a la salud mental de su comunidad, su ejemplaridad institucional y cultura ética, su contribución a la coproducción de conocimiento y su impacto económico.

Esta nueva forma de rendir cuentas conduce inevitablemente a la necesidad de articular nuevos indicadores que midan la actividad universitaria. La viabilidad de la transformación dependerá de que dichos indicadores —que servirán tanto para constatar la adecuada asignación de los recursos públicos como para evaluar el uso que hagan las universidades, públicas y privadas, del privilegio de su autonomía— se definan a través de un diálogo pausado y constructivo entre todos los actores implicados. Solo así la evaluación y el seguimiento de la actividad universitaria podrán ser consensuados, transparentes y dotados de la máxima legitimidad, permitiendo a las universidades rendir cuentas de su verdadero impacto social y reforzar la confianza pública en su misión educativa y transformadora.

6. UN DIÁLOGO PAUSADO

Nada más lejos de la misión universitaria que el irresponsable eslogan con el que se identificó Facebook en sus inicios, y que sigue inspirando a muchos emprendedores, *Move fast and break things* (en español: muévete rápido y rompe cosas). Cuando pedimos un diálogo pausado, tenemos que tener en cuenta que la lentitud no es sinónimo de pasividad, sino de una pausa activa que permite discernir el mundo que queremos construir y legar a las futuras generaciones. En este contexto, la transformación de la Universidad solo puede hacerse de manera pausada, no solo por respeto a su historia y complejidad institucional, sino porque solo así puede cumplir su función crítica en la sociedad.

Como señala Antonio Lafuente, investigador del CSIC:

> Ralentizar los procesos universitarios es una forma de repolitizar la vida ordinaria y de tomar en serio los signos de crisis que atraviesan nuestro tiempo. La universidad, como espacio de saber, debe resistir la tentación de cambiar al ritmo que dictan los intereses externos y, en cambio, apostar por una transformación reflexiva, situada y responsable.

La lentitud universitaria permite rescatar el espíritu crítico y poético, fomentando tanto la capacidad de hacer buenas preguntas como la creatividad para imaginar mundos posibles. Solo una universidad que se toma el tiempo de aprender de los errores, de valorar los detalles, los matices y lo local, puede formar ciudadanos capaces de enfrentar los problemas crónicos y complejos de nuestro tiempo, como la desigualdad, la degradación ambiental o las migraciones.

Por último, una transformación pausada es la única vía para que la Universidad no se limite a reaccionar ante los cambios sociales. Al ralentizar, la universidad se convierte en un espacio de encuentro y experimentación, donde la colaboración y la diversidad de saberes permiten construir soluciones verdaderamente inclusivas y horizontales. En suma, transformar la universidad de manera pausada no es un freno al cambio, sino la condición necesaria para que ese cambio sea significativo, justo y sostenible, tanto dentro de la institución como en la sociedad a la que sirve.

7. AUTONOMÍA UNIVERSITARIA Y BIEN COMÚN GLOBAL

La transformación que enfrentan las universidades es imposible de acometer sin el acuerdo con los gobiernos que las regulan y financian, y, por supuesto, sin la implicación directa de la sociedad civil que las acoge. En última instancia, el futuro de las universidades no les pertenece en exclusiva: deberán luchar por él junto al resto de la sociedad, pues, nos guste o no, acabarán ocupando el lugar que los poderes públicos les asignen.

Las universidades no pueden transformarse solas, apoyándose únicamente en sus recursos e inercias corporativas. Sin un compromiso claro de los poderes públicos, que establezcan un propósito para ellas y reconozcan su relevancia, cualquier transformación será inviable. Como recordaba Robert M. Hutchins, ex rector de la Universidad de Chicago, en su libro *La Universidad de Utopía*: "Un sistema educativo es un medio para lograr los ideales de una nación. La decisión sobre los ideales la toma el país, no el sistema educativo".

Posiblemente, la forma más cruel —y también la más frecuente— de amenazar a la educación superior desde los poderes públicos sea ignorar a las universidades, dejándolas inermes en su desamparo. Frente a esta actitud, el silencio de los responsables universitarios los convierte en cómplices necesarios en un deterioro cada vez más difícil de revertir.

Sin duda, transformar las universidades exige imaginar y articular un nuevo equilibrio entre autonomía y bien común global. El desafío consiste en escuchar y dialogar antes de convencer y argumentar, para construir, en relación con el entorno de cada institución, un equilibrio dinámico que refleje la búsqueda del bien común global. Como señala de forma contundente Wendy Brown, investigadora del Institute for Advanced Study de Princeton, las universidades deben estar orientadas por los gritos del mundo, sus peligros y sus necesidades.

Por último, cuando hablamos de transformación en el ámbito universitario, no nos referimos simplemente a la evolución de una institución concreta, sino a la transformación de todo un sistema. El verdadero significado y relevancia de la Universidad emergen únicamente de la interacción y el diálogo constante entre ellas.

Es en la existencia de una comunidad académica global —tejida a través del intercambio de ideas, la colaboración en la investigación y el reconocimiento mutuo— donde la autonomía de cada universidad y la libertad académica encuentran su auténtica razón de ser. Por eso, transformar la Universidad implica, necesariamente, articular un proyecto lo más global posible, pues, sin ese entramado colectivo, la autonomía universitaria se vacía de contenido y la libertad académica pierde su fundamento.

8. CONCLUSIONES

El cambio cultural que las universidades necesitan en el siglo XXI pasa necesariamente por romper las inercias actuales, fruto de políticas silentes impuestas en las últimas cuatro décadas y aceptadas sin una contestación significativa. Este camino ha conducido a las instituciones universitarias hacia la inviabilidad o la irrelevancia. De mantenerse estas tendencias, el futuro de las universidades quedaría reducido a un papel meramente instrumental, subordinado a los intereses de los mercados y a las presiones de ideologías autoritarias. Una dirección que, lejos de propiciar la transformación necesaria, parece encaminarlas hacia su propia destrucción.

Se consolidaría así un modelo de universidad que concibe a sus estudiantes como clientes, con derecho a la contraprestación de un título, y a la educación como un mero proceso de capacitación profesional. Universidades donde el profesorado se centra casi exclusivamente en la producción de artículos científicos orientados a justificar sus trayectorias profesionales. Universidades hackeadas por el gerencialismo, que asumen con naturalidad su condición de chivo expiatorio ante las inconsistencias del mercado. Universidades vulneradas en sus principios por procesos lucrativos de digitalización y automatización del aprendizaje, en una carrera estéril hacia la eficiencia que no hace sino profundizar la segregación social. Instituciones así, difícilmente, merecen ser llamadas universidades.

No hay atajos posibles. Tampoco parece haber alternativa distinta a que los propios universitarios —contradiciendo quizá las palabras del maestro de la Universidad de Chicago, John Dewey, quien a principios del siglo XX afirmaba que reformar la universidad es como reformar los cementerios: no puedes contar con los de dentro— asuman, conscientes de los signos de fatiga del modelo actual, la responsabilidad de impulsar y liderar el complejo debate público que conduzca a una verdadera transformación orientada a reforzar su contribución al bien común global.

Durante los últimos 200 años, las universidades han sido una fuente de esperanza para nuestras sociedades, y deben seguir siéndolo. Los universitarios deben recordar que, sin esperanza, la Universidad se diluye y pierde su razón de ser.

BIBLIOGRAFÍA

Embid Irujo, A., y Michavila Pitarch, F. (2001): *Hacia una nueva universidad: apuntes para un debate*, Tecnos.

González Hermoso de Mendoza, A. (2025): "Hablemos de las universidades", *Espacios de Educación Superior*, https://n9.cl/gpn35.

Hutchins, R. M. (2022): *La universidad de Utopía*, Eunsa.

Lafuente, A. (2023): *SlowU: Una universidad lenta para un tiempo acelerado*, NED Ediciones.

Morozov, E. (2025): Silicon Valley's new legislators, *The Ideas Letter*, https://n9.cl/lgd5u.

Ramió, C. (2025): *La privatización de la universidad en España*, Los Libros de la Catarata.

Rivero, R. (2020): *El futuro de la universidad*, Tirant lo Blanch.

CAPÍTULO 8

FORMAR PARA LA COMPLEJIDAD, UN DESAFÍO DE LA EDUCACIÓN DEL SIGLO XXI: PROSPECTIVA ESTRATÉGICA Y GESTIÓN DEL FUTURO

XÓCHITL ARIAS GONZÁLEZ
Y GUILLERMINA BENAVIDES RINCÓN

1. FORMAR PARA LA COMPLEJIDAD: DE LA INTERACCIÓN A LA EMERGENCIA

El propósito de formar para la complejidad ha ocupado la reflexión pedagógica de forma continua desde hace más de 30 años, aunque su foco de interés ha evolucionado y dicha evolución permite circunscribir elementos del desafío educativo al que nos enfrentamos hoy, así como el rol de la prospectiva estratégica podría abordar en dicho contexto.

Es pertinente recordar que el tema de la complejidad en educación fue introducido cuando Edgar Morin (1990) propuso considerar al proceso educativo como un sistema complejo. Con influencia de la obra de Luhmann y Prigione, el celebérrimo autor enfatizaba la importancia de reconocer la pluralidad de las variables en juego y los actores involucrados para promover una visión más integradora del proceso educativo. Así pues, una primera época de la discusión se caracteriza por abordar la complejidad desde una óptica estructural y de interacciones; esta época abarca mas o menos la década de 1990 a 2000.

La década de los años 2000 a 2010, por su parte, muestra un enfoque en la aplicación de la teoría de la complejidad en la educación: se desarrollan enfoques pedagógicos que buscan sobre todo gestionar la complejidad en el aula, considerando la diversidad estudiantil y la consecuente necesidad de adaptar los métodos de enseñanza. En esta segunda época pasamos de considerar los sistemas educativos como estructura (y por ende, fija) a ser vista como un sistema dinámico que requiere estrategias flexibles y contextuales.

Un tercer momento que coincide con la década de 2010 a 2020 se distingue en que la reflexión sobre complejidad y educación se abre y orienta hacia temas de la gestión de la incertidumbre y la adaptabilidad[2]. Esto sobre la base de una mayor volatilidad del entorno global reforzada por cuestiones que van desde la digitalización, la multipolaridad geopolítica o los riesgos ligados al cambio climático. Se trata de una década que inicia influenciada por los efectos la crisis global de 2008 y termina con el advenimiento de la pandemia de COVID-19, década en la que algunos autores popularizan el uso del acrónimo VUCA o TUNA[3]para referirse a la complejidad del entorno.

En nuestra lectura de esta trayectoria histórica se ha preparado el terreno para que, en los años recientes y probablemente los que sigan, la prospectiva estratégica ocupe un lugar central en el discurso de la educación formal. Es decir que, de la misma forma que la reflexión primera sobre la pluralidad de actores e interacciones dio lugar al auge de reflexiones metodológicas sobre flexibilidad e inclusión en un segundo momento, la reflexión sobre la incertidumbre y la emergencia de los años 2010-2020 presagia el auge de la aplicación de métodos y técnicas prospectivas en educación como el siguiente paso lógico en la construcción de una educación realmente preparada para enfrentar los desafíos de un mundo complejo y cambiante.

2. Jasman, 2011; Mason, 2013; Boix, 2021; Gliead, 2021.
3. Estos acrónimos ilustran claramente la evolución de la reflexión: VUCA es un término que describe al entorno como volátil, incierto, complejo y ambiguo (Le Blanc, 2018). TUNA, por su parte lo describe como turbulento, incierto, novedoso y ambiguo (Ramírez y Wilkinson, 2016 cf. Finch 2023). La diferencia de términos indica como pasamos de una perspectiva basada en la teoría general de sistemas a una que prefiere enfocarse en conceptos provenientes no solo de la teoría de sistemas dinámicos, sino bien inmersa en la teoría del caos, por el énfasis que le da a lo emergente (turbulento + novedoso).

La ambición de gestionar la incertidumbre nunca está demasiado lejos, empero, de la tentación de reducir la complejidad. Por ello, en este capítulo, iniciaremos revisando el aporte de la prospectiva estratégica a la formación para la complejidad; esto nos llevará a tocar más de cerca el diseño de futuros como una herramienta accesible para el ámbito educativo y finalmente ilustraremos un caso de uso sobre el desarrollo de una competencia de futuros en una institución de educación superior en América Latina que decidió situar la cultura de anticipación en el centro de su formación transversal.

2. PROSPECTIVA ESTRATÉGICA, DEL PENSAMIENTO SISTÉMICO AL ANTICIPATORIO

El punto común a todas las reflexiones sobre complejidad en educación es que si el proceso educativo no incluye una perspectiva integradora como la sistémica, entonces se reduce el entendimiento del entorno, reduciéndolo a relaciones lineales (por ejempo de causa a efecto), las cuales corresponden a sistemas predecibles y controlables los cuales, justo por esas características, no se parecen a la realidad en la que evolucionamos como sociedad. Por otra parte, como vimos la evolución de la discusión ha ido orientarse, de una perspectiva más descriptiva y analítica, a una más activa, relacionada con la resolución de problemas. Revisemos este punto más de cerca, pues la idea de acción sobre la realidad (es decir, la toma de decisiones), y la de resolución de problemas plantea dos puntos clave para la reflexión sobre el rol de la prospectiva estratégica como disciplina formativa para el siglo XXI.

Jouvenel advertía ya en 1967 sobre la necesidad de incorporar el pensamiento de futuros en los procesos de toma de decisiones. En su obra *El arte de la conjetura* plantea que anticipar lo que podría pasar, y no lo que va a pasar a través de conjeturas razonadas es tanto una necesidad práctica como un deber ético y político. Este enfoque propone una distinción importante entre los conceptos de probabilidad y plausibilidad. Mientras la probabilidad se refiere a estimaciones cuantitativas asociadas a patrones del pasado, la plausibilidad se refiere a construcciones lógicas y estructuradas de futuros posibles.

Desde esta perspectiva, la prospectiva estratégica no asume que el futuro es una extensión del pasado (lo cual sería una óptica líneal), sino que lo entiende como resultado de la interacción entre factores históricos, relaciones causales, disrupciones inesperadas y decisiones actuales. Hablar de plausibilidad permite incorporar la incertidumbre como una condición estructural del presente, sin reducirla a escenarios de baja o alta probabilidad.

En la medida que se entiende la complejidad como una ontología (es decir, como una forma de ser del mundo que requiere un pensamiento capaz de identificar patrones no lineales, interdependencias y retroalimentaciones), la dinámica de sistemas se convierte en la base conceptual para la prospectiva estratégica y los estudios de futuros, al introducir el pensamiento complejo como enfoque para pensar y evaluar las posibilidades futuras. Meadows (1999) subraya la importancia de desarrollar el pensamiento sistémico para identificar causas estructurales y patrones recurrentes más allá de las señales visibles. Aquí comienza una dimensión de la actividad agentiva sobre la realidad, ya que no se trata solo de mapear el sistema, sino también de construir visiones de futuro que sean realistas y éticamente responsables. Pensar en el futuro, entonces, exige una postura proactiva, no simplemente reactiva.

La prospectiva estratégica ofrece un marco para analizar y anticipar entornos complejos, al tiempo que orienta el diseño de estrategias que sean adaptativas y resilientes en el largo plazo. En ello se aborda el siguiente nivel de actividad, el de la transformación. En efecto, la anticipación se entiende como la capacidad de ajustar nuestro comportamiento en función del análisis del entorno y de los futuros posibles. Por esta razón, herramientas y métodos de prospectiva están siendo incorporados de forma cada vez más común en las prácticas formativas: como una forma de hacer frente a entornos sumamente complejos y de alta incertidumbre.

Ahora bien, los métodos de prospectiva estratégica han evolucionado junto con las formas en que concebimos el futuro.

A partir de las décadas de 1950 y 1960 surgen múltiples metodologías de prospectiva estratégica vinculadas al desarrollo tecnológico y al contexto de competencia armamentista entre Estados Unidos y la Unión Soviética, impulsadas en gran medida por instituciones como la Corporación RAND. En sus inicios, la aproximación estaba fuertemente asociada a la predicción y a la cuantificación de tendencias, mientras que hoy se vincula más con procesos de interpretación en contextos complejos (Kuosa, 2011). El foco ha pasado de anticipar lo que probablemente ocurrirá a comprender cómo distintas visiones de futuro, construidas desde el presente, permiten cuestionar supuestos, ampliar marcos de referencia y generar nuevas formas de comprensión. Esta evolución refleja cambios tanto en los fines como en los fundamentos epistemológicos de la prospectiva estratégica.

Su finalidad, como vemos, no es de predecir con certeza qué va a suceder; su función es ayudarnos a visualizar futuros posibles para, desde esa visualización, regresar al presente y tomar mejores decisiones. El ejercicio de imaginar el futuro desde otro punto de referencia, más lejano y distante, nos permite ver el presente con otros ojos; nos da filtros diversos, amplía nuestro marco de análisis y nos ayuda a cuestionar supuestos que, de otro modo, pasarían desapercibidos. Es en esta medida que la prospectiva estratégica resulta una herramienta del pensamiento complejo: su capacidad para lidiar con la incertidumbre, sin reducirla.

3. DE LA ANTICIPACIÓN A LA ACCIÓN: EL COMPLEJO PROBLEMA DEL OBJETO DE ESTUDIO COMPLEJO

En el inciso anterior hemos revisado un primer argumento sobre el rol de la cultura de anticipación, donde aparece que la prospectiva estratégica permite trabajar sobre la complejidad, especialmente en los temas relacionado con el manejo de incertidumbre por su capacidad a ampliar la perspectiva. En la literatura, los textos sobre educación y complejidad comienzan típicamente situando el tema del abordaje de la complejidad en educación por la necesidad de hacer frente a un entorno que es calificado como complejo especialmente por su dinamismo. Por ejemplo, cuando este dinamismo del sistema es evocado con los acrónimos como VUCA o TUNA (*cf. infra*). En este apartado vamos a abordar otra contribución de la prospectiva ante la incertidumbre que tiene que ver con el tipo de problemas que se abordan en un entorno que es incierto. Esta contribución toca el tema de la gestión de futuros desde un punto de vista que rebasa la dimensión del análisis hacia la transformación del entorno.

Una mirada conectada con el cambio de paradigma educativo que Morin preconizaba, debe poder dar cuenta de otros elementos como los que aparecen en sus saberes básicos para la educación del futuro (1999) y que tienen que ver con: el error, la identidad, la incertidumbre, la comprensión y la ética.

En su artículo seminal (Rittel y Weber 1973), los autores acuñaron el término de *wicked problems* (en español, problemas retorcidos) para referirse a aquellos asuntos de la vida pública y los sistemas sociales que, por su complejidad, no pueden ser enfocados con las herramientas de las ciencias exactas. Ellos identificaron 10 rasgos que caracterizan este tipo de problemas traducidos a veces como perversos. Cuatro de estos rasgos ilustran cómo la prospectiva estratégica contribuye al desarrollo de habilidades relacionadas con el manejo de la incertidumbre a un nivel que va más allá del análisis individual y comienza a ser una óptica transformadora:

- No están claramente definidos. Existen múltiples visiones en juego: modelos mentales, enfoques disciplinarios, paradigmas y perspectivas diversos entre los actores involucrados.
- No tienen soluciones definitivas. Son problemas que difícilmente pueden ser resueltos; en el mejor de los casos, su condición puede ser mejorada, pero no eliminada por completo.
- Las soluciones no son verdaderas o falsas, sino buenas o malas. Esto implica que las decisiones están ancladas en valores, ideologías e intereses y no en criterios puramente técnicos.
- Cada problema perverso puede ser síntoma de un problema más amplio. Esto evidencia la interconexión entre

fenómenos y la necesidad de marcos analíticos capaces de tomar en cuenta esa complejidad.

La prospectiva estratégica aborda este tipo de problemas aportando dos elementos útiles para trabajar transformativamente con ellos al desarrollar resiliencia y capacidad de adaptación. Por un lado el propio hecho de renunciar a la idea de una solución libera una cierta tentación simplificadora. Por otra parte, en muchas de sus metodologías el proceso que se lleva a cabo es igual o incluso más importante que el resultado final, generando una acción transformadora por cuanto construye espacios de diálogo orientados a la búsqueda de consensos y al desarrollo de una comprensión compartida de fenómenos sociales.

Tal es el caso de la metodología de planeación por escenarios, particularmente desde la perspectiva de la escuela intuitiva-lógica (Amer *et al.*, 2013), donde la construcción colectiva de escenarios cumple una función clave: cuestionar los supuestos de quienes toman decisiones. El valor de este enfoque no reside únicamente en la elaboración de historias futuras, sino en la capacidad que tienen esos escenarios para retornar al presente como una lente diversa desde la cual analizar la realidad. Desarrollar vistas del futuro tomando en cuenta esta definición implica transformar el propio presente como objeto de observación, tanto en el paso de lo individual a lo colectivo o plural (al abandonar la vista propia y unívoca), como en la modificación misma del punto de vista sobre el presente.

Por otra parte, en 2007, Miller acuñó el concepto de alfabetización de futuros (*futures literacy*) como un marco que busca integrar las distintas epistemologías, herramientas y métodos empleados en los estudios de futuros. Este concepto se entiende como la capacidad de usar el futuro de manera consciente, lo cual implica identificar y cuestionar los supuestos que subyacen a nuestras propias visiones del futuro. Esto resulta particularmente relevante si consideramos que, en muchos casos, al imaginar el futuro lo hacemos a partir de nuestra experiencia pasada, lo que nos lleva a extrapolar de forma automática las condiciones conocidas hacia contextos aún inciertos. En un entorno marcado por el cambio acelerado y las disrupciones constantes, utilizar marcos del pasado para proyectar el futuro resulta una última tentación lineal o reductora. Por ello, ampliar nuestro campo de visión y explorar futuros posibles desde distintos supuestos nos permite generar un mayor margen de maniobra. En otras palabras, ensancha nuestra capacidad de agencia, tanto individual como colectiva. Es en ello que se rompe una linearidad suplementaria, la de la referencia a sola la experiencia previa.

Frente a retos como los que suponen la emergencia climática, la crisis de la democracia, la irrupción de la inteligencia artificial generativa o la necesidad de repensar los modelos económicos, emerge la necesidad de desarrollar herramientas conceptuales y metodológicas que permitan a las personas aprendientes romper con la linealidad temporal del pensamiento, sin lo cual corremos el riesgo de no ser lo suficientemente audaces ni creativos para imaginar y proponer soluciones transformadoras.

En este punto, aparece el tema del diseño de futuros como una aproximación especialmente valiosa. Su capacidad para generar experiencias inmersivas del futuro, apelando a los sentidos, no solo permite cuestionar nuestros marcos de referencia y mapas mentales, sino que puede convertirse en una herramienta poderosa para propiciar cambios en el comportamiento colectivo, que en muchos casos representa uno de los grandes desafíos contemporáneos. Nos permite tangibilizar, llevando a un nivel de comprensión aún más sensible y significativo la visualización y el espacio de diálogo que encauzan la transformación posible. El diseño de futuros amplia la pluralidad abierta por la consideración de la plausibilidad incorporando dimensiones de apropiación como las que se refieren a los futuros deseables o preferidos.

Si concebimos el futuro como un espacio de diseño, entonces educar en futuros implica dotar a los estudiantes de herramientas de exploración, experimentación y creación. La incorporación de metodologías como la especulación crítica, la narrativa de futuros y el prototipado les permite desarrollar un pensamiento anticipatorio más dinámico, transformador y orientado a la acción.

Durante mucho tiempo, las disciplinas que estudian el futuro han sido dominadas por enfoques predictivos, basados en tendencias y análisis de datos. Aunque la prospectiva estratégica sigue siendo esencial, su combinación con el diseño de futuros permite no solo anticipar escenarios, sino también intervenir en ellos. La educación debe preparar a los estudiantes no solo para adaptarse a lo que viene, sino para dar forma activa a los futuros posibles y deseables. Es una aspiración de este tipo la que rodea el caso de la declaración de una competencia transversal en pensamiento de futuros y dirige nuestra mirada sobre un aspecto particular del dinamismo de los problemas perversos: la gestión de las transiciones.

4. PENSAMIENTO DE FUTURO COMO COMPETENCIA TRANSVERSAL: UN CASO DE ESTUDIO

Desde *Los siete saberes necesarios para la educación del futuro* (Morin, 1999), encargada por la UNESCO, se identificaron tres principios esenciales que deberían guiarla:

- Enfrentar los errores del conocimiento.
- Enseñar la condición humana en su multidimensionalidad.
- Enseñar la incertidumbre, el pensamiento ecológico y la ética del género humano.

Como parte de los procesos encaminados a proveer una educación superior de calidad, las instituciones de educación superior deben actualizar de forma constante su currícula y modelos educativos. El Tecnológico de Monterrey (México) evolucionó su modelo educativo para enfocarse en el desarrollo de competencias sobre la base de retos que articulan el avance de las personas aprendientes. Las competencias a desarrollar son tanto de orden disciplinar como otras transversales que en mayor o menor medida representan la selección de atributos distintivos del perfil de egreso particular que la institución se da como objetivo formar. En este apartado evocaremos el caso de una de las nuevas competencias transversales de la versión 2026 de los planes de estudio, que es pensamiento de futuros[4]. El caso es pertinente en la medida que ilustra una integración de los diferentes aspectos que hemos discutido hasta este punto.

La competencia pensamiento de futuros fue seleccionada como relevante dentro la aspiración de fortalecer la educación para un mundo sostenible. De acuerdo con Mark Wood, uno de los iniciadores del proyecto, decidió tomarse el enfoque de Wiek y otros (2011), porque un marco de trabajo coherente para identificar competencias clave para el desarrollo de una formación a la sostenibilidad en educación superior. Este marco contempla cinco competencias clave: pensamiento sistémico, anticipación, competencia normativa, competencia estratégica y competencia interpersonal.

La correlación entre la primera y la segunda muestra el uso del pensamiento sistemico y de anticipación para hacer frente a retos emergentes que desafían a la sociedad. Con ello se ilustra una estrategia particular sobre la contribución de una cultura de anticipación para el desarrollo de habilidades transformadoras como la transición y la resiliencia.

En esta óptica, el pensamiento sistémico antecede y habilita la construcción de visiones de futuros múltiples que en seguida podrán ser mapeadas, especificadas, aplicadas, reconciliadas, en base a valores principios y metas (competencia normativa), así como complementadas con el diseño e implementación de intervenciones, transiciones y estrategias de gobernanza (competencia estratégica).

---

4. Es relevante mencionar que el apartado ha sido construido por estas autoras y no representa el punto de vista de la institución. De igual forma, al tratarse de un proceso en curso, es posible que las definiciones finales del proyecto puedan diferir de lo planteado en este punto. Se incluye sin embargo el caso por ser pertinente para la discusión de la tesis del capítulo, según la cual, la educación para la complejidad requiere de las instituciones educativas en el siglo XXI el desarrollo de una cultura activa y experiencial de futuros que contribuya a desarrollar capacidades de anticipación y resiliencia, y con ello, hacer faz a la incertidumbre y participar de la construcción de un mundo sostenible.

TABLA 1

PENSAMIENTO SISTÉMICO Y ANTICIPACIÓN

Competencia de pensamiento sistémico	La competencia de pensamiento sistémico es la capacidad de analizar colectivamente sistemas complejos en diferentes dominios (sociedad, medio ambiente, economía, etc.) y a través de distintas escalas (local a global), considerando así los efectos en cascada, la inercia, los bucles de retroalimentación y otras características sistémicas relacionadas con cuestiones de sostenibilidad y marcos de resolución de problemas de sostenibilidad.
Competencia anticipatoria	La competencia anticipatoria es la capacidad de analizar, evaluar y elaborar colectivamente "visiones" detalladas del futuro relacionadas con cuestiones de sostenibilidad y marcos de resolución de problemas de sostenibilidad.

Fuente: Elaboración propia.

Para Wiek y sus coautores, la competencia anticipatoria es la habilidad de "analizar, evaluar y crear colectivamente imágenes del futuro, con lo que se implica de principio la competencia interpersonal". Al considerar la dimensión interpersonal, el pensamiento sistémico, el pensamiento de futuros y cuestiones de valores o relacionables con la ética, además de la dimensión de la toma de decisiones por lo estratégico, esta perspectiva de la sostenibilidad como metacompetencia es una expresión de gestión de educación para la complejidad. El equipo de diseño de la competencia conectó entonces la perspectiva de la sostenibilidad con otra asociada al campo del diseño de futuros y que es la del diseño de transiciones. Se trata de una corriente que propone nuevos enfoques para enmarcar problemas relacionados con el cambio sociomaterial dentro del contexto de ecosistemas complejos (Irwin *et al.*, 2020).

Una vez que se eligió la competencia anticipatoria como una de las competencias transversales a desarrollar en los egresados futuros, se la declinó en dos subcompetencias: la integración de visiones compartidas de futuros sostenibles y la anticipación de posibilidades de transformación. De este modo, las habilidades requeridas para crear escenarios y las que se refieren al diseño de futuros preferibles resultan vehículos para formar a la complejidad a todos los estudiantes de la institución, en la construcción de una cultura activa para la sostenibilidad que asume de forma activa su responsabilidad para transitar hacia futuros preferibles ecosistémicamente.

Cuando consideramos la segunda característica de los *wicked problems*, la idea que no existe una solución única a los problemas revelaba un aspecto de la ambigüedad que restaba por explorar: el desafío no es solo entender la complejidad, sino aprender a operar dentro de ella para transformar el mundo de manera consciente y sostenible. La noción de transformación, y dentro de ella, la de gestión de la transición resulta así más idónea para una óptica sistémica que la de la resolución de problemas (Irwin *et al.*, 2020).

Incorporar la perspectiva de la complejidad supone un cambio de paradigma en el acto educativo para pasar, si resumimos todas las ideas anteriores del objetivo de transmitir contenidos estáticos a formar ciudadanos capaces de actuar sobre la realidad, es decir, de convertirse en agentes de cambio. Este perfilamiento expresa en nuestra percepción una concepción de la alfabetización en futuros que integra los saberes de los que Morin veía para la educación del futuro.

En ese sentido, una cultura de anticipación que incluye herramientas de prospectiva estratégica y de diseño de futuros provee un marco de trabajo que, como hemos mencionado, alfabetiza en futuros al considerar una amplitud de posibilidades de evolución, al tiempo que prepara para hacer faz a lo incierto al generar escenarios plausibles a partir de los cuales puede configurarse la acción. Estas son dos bases clave de una primera aproximación a lo que podría entenderse como una gestión de futuros. El siguiente nivel es construido a partir de la confrontación con la propia experiencia, atrayendo la atención de la acción en la gestión en lo emergente; es decir la gestión de la transición.

5. DE LA PROSPECTIVA ESTRATÉGICA COMO COMPETENCIA AL LIDERAZGO ANTICIPATORIO COMO CAPACIDAD

Hasta el punto que el recorrido de este artículo nos ha traído, la perspectiva de la complejidad supone un cambio de paradigma que transforma la visión de la educación en diversos niveles:

- Replanteamiento del conocimiento: se supera la especialización rígida para favorecer enfoques inter y transdisciplinarios.
- Desarrollo del pensamiento crítico y adaptativo: la educación debe fomentar habilidades para resolver problemas en entornos dinámicos.
- Ética y responsabilidad: los estudiantes deben comprender el impacto de sus decisiones en un mundo interconectado.
- Nuevos modelos de enseñanza: se incorporan metodologías activas como el aprendizaje basado en proyectos, la simulación de escenarios y el diseño de futuros.

Las implicaciones de una reforma semejante van desde fomentar la conocida expresión de aprender a aprender hasta integrar múltiples perspectivas en la resolución de problemas, pasando por el diseño de espacios de aprendizaje abiertos, colaborativos y experimentales, lo que se ha denominado una nueva competencia, relacionada con tres atributos; ambigüedad, agencia y autonomía (OCDE, 2018).

Esta es una óptica que responde de forma efectiva al marco de trabajo propuesto por la OCDE para la educación en el 2030 alrededor de tres competencias que denominó transformativas:

- Crear nuevo valor (innovación colaborativa y creatividad).
- Conciliar tensiones y dilemas (pensamiento sistémico).
- Asumir responsabilidad (prerrequisito; autonomía, agencia y colaboratividad).

Esto consolida la idea avanzada anteriormente sobre la posibilidad que la evolución que sigue en el ámbito de la educación para la complejidad pueda tener un enfoque en herramientas y que sean justo las de la prospectiva estratégica y el diseño de futuros algunas de las disciplinas que podrán ser abundantemente exploradas durante la década de 2020 a 2030. Ahora bien, ¿lo anterior hace de estas aproximaciones sobre futuros una competencia propiamente dicha? Probablemente ese es uno los aspectos a explorar en lo subsecuente.

La cuestión resulta relevante porque en el ámbito educativo contemporáneo —especialmente en el contexto de la Agenda 2030 y la transformación de la educación superior— es esencial distinguir entre competencias y capacidades. Ambos conceptos son fundamentales para hablar de formación y transformación, pero la distinción entre ellas tiene importantes implicaciones para la formación en temas complejos como la prospectiva estratégica y la gestión de futuros, como podemos ver en la siguiente tabla:

TABLA 2

LA DISTINCIÓN ENTRE COMPETENCIAS Y CAPACIDADES

ASPECTO	COMPETENCIAS	CAPACIDADES
Definición (síntesis propia)	Conjunto integrado de conocimientos, habilidades y actitudes aplicables a tareas específicas	Potencial para actuar de manera autónoma, crítica y creativa en contextos cambiantes
Enfoque	Centrado en el desempeño y resultados medibles	Centrado en el empoderamiento, la agencia y la transformación del entorno
Origen conceptual	Pedagogía por objetivos, formación profesional, estándares laborales	Enfoques del desarrollo humano educación transformadora (Nussbaum, 2011)
Ejemplo educativo	Saber aplicar metodologías de análisis de escenarios	Ser capaz de imaginar futuros alternativos y proponer estrategias para intervenir en ellos
Evaluación	Rúbricas, desempeño observable, habilidades técnicas o genéricas	Evaluación formativa, narrativa, centrada en procesos de reflexión, colaboración y autonomía
Aplicación típica	Formación técnica, educación basada en resultados (OBE)	Educación crítica, ciudadanía global, desarrollo sostenible, liderazgo adaptativo
Rol en la prospectiva	Manejo de herramientas como matrices de impacto o métodos Delphi	Capacidad de imaginar, articular visiones transformadoras y movilizar comunidades para el cambio

Fuente: Elaboración propia.

De esta comparación y a la luz del recorrido que terminamos ahora, nos parece que una cultura de anticipación que pueda entenderse como liderazgo (es decir, que incorpora la parte creativa, proactiva y colaborativa de las competencias transformadoras) no necesariamente es concebible como una competencia, aunque puede incluir la alfabetización en futuros (Miller, 2011) como uno de sus componentes y tal vez no sería operacional o formable (es decir, sujeta a la formación y el desarrollo) de forma más sistemática si se queda en el ámbito del desarrollo de capacidades.

Por ello, probablemente se requiere de un concepto en el intersticio entre competencia, que se enfocan demasiado en el mundo del trabajo y en su instrumentalidad asociada, y capacidad que parece permanecer sin un aspecto operacional suficiente para ser entendida como parte de un proceso formativa, particularmente a nivel individual. Cuando UNESCO explica la alfabetización en futuros como una competencia social probablemente hace referencia a esta condición mixta. Cuando Wiek y otros hablan de metacompetencia probablemente también exploran esos intersticios. Cuando Morin hace referencia a saberes pasa de largo el obstáculo.

De cuaquier forma, esta reflexión puede suspenderse aquí sintetizando en base al recorrido reflexivo que seguimos, que algunas buenas prácticas que universidades y organismos multilaterales pueden adoptar para desarrollar el pensamiento sistémico, la macro-competencia de sostenibilidad y las capacidades de anticipación como contenidos deseables de la educación en el siglo XXI son:

- Diseñar espacios educativos abiertos que permitan el error, la exploración y la cocreación (laboratorios de futuros, simulaciones participativas).
- Formar docentes-facilitadores en pensamiento complejo, aprendizaje transformador y metodologías de futuros.
- Fomentar proyectos colaborativos multisectoriales, donde los estudiantes se conviertan en agentes de cambio real.
- Incluir la evaluación reflexiva y dialógica como parte de los procesos formativos.
- Reconocer el rol político de la educación en la creación de futuros más justos, resilientes y sostenibles.

Como hemos visto, la prospectiva estratégica no se limita a ofrecer métodos para pensar en el futuro, sino que propone una manera distinta de mirar y actuar en el presente. Al ampliar nuestros marcos de análisis, cuestionar supuestos y reconocer la complejidad y la incertidumbre como condiciones estructurales, nos invita a tomar decisiones más conscientes, colectivas y transformadoras frente a los desafíos que enfrentamos. El diseño de futuros por su parte, fortalece la agencia al proveer herramientas de inmersión, participación y acción sobre lo emergente. Juntas constituyen un marco de trabajo útil en el camino de formar para la complejidad que ilustra justamente su enfoque en una gestión de futuros que acoge su dimensión activa y transformadora.

BIBLIOGRAFÍA

Amer, M.; Daim, T. U. y Jetter, A. (2013): A review of scenario planning, *Futures*, volumen 46, pp. 23-40, https://n9.cl/9agb2.

Boix Mansilla, V. (2021): *Educating for Global Competence*, OECD-Asia Society.

de Jouvenel, B.; Lary, N. M., y Mahoney, D. J. (2012): *The art of conjecture*, Transaction Publishers.

Facer, K. y Sprague, T. (2024): "Education's futures and Futures in education", *Handbook of Futures Studies*, chapter 12, pp. 157-169, Edward Elgar Publishing, https://n9.cl/h3d28c.

Irwin, T.; Tonkinwise, C. y Kossoff, G. (2020): "Transition Design: An Educational Framework for Advancing the Study and Design of Sustainable Transitions", Cuadernos del Centro de Estudios de Diseño y Comunicación, https://n9.cl/vn6of7.

Jasman, A. y McIlveen, P. (2011): "Educating for the future and complexity", *On the Horizon*, vol. 19, nº 2, pp. 118-126, https://n9.cl/t6k9p.

Gilead, T. y Dishon, G. (2021): Rethinking future uncertainty in the shadow of COVID 19: Education, change, complexity and adaptability, *Educational Philosophy and Theory*, vol. 54, nº 6, pp. 822-833, https://n9.cl/thq15.

Kuosa, T. (2011): Evolution of futures studies. *Futures*, vol. 43, nº 3, pp 327-336, https://n9.cl/r1kf2.

LeBlanc, P. J. (2018): Higher Education in a VUCA World, *Change: The Magazine of Higher Learning*, vol. 50, nº 3-4, pp. 23-26, https://n9.cl/zkftz.

Mason, M. (2013): What Is Complexity Theory and What Are Its Implications for Educational Change?, *Educational Philosophy and Theory*, vol. 40, nº 1, pp. 35-49, https://n9.cl/fvb3y.

Meadows, D. H. (1999): Chicken Little, Cassandra, so many ways to think about the future, *Whole Earth*, *Spring*, vol. 96.

Miller, R. (2018): Sensing and making-sense of Futures Literacy, *Transforming the Future*, pp. 15-50, UNESCO Publishing and Routledge.

Morin, E. (1990). *Introduction à la pensée complexe*, Du Seuil.

— (1999): *Los siete saberes necesarios para la educación del futuro*, UNESCO, pág. 72.

Nussbaum, M. (2011): *Creating Capabilities: The Human Development Approach*, Harvard University Press.

OECD (2018): *The Future of Education and Skills: Education 2030*.

Rittel, H. W. J., y Webber, M. M. (1973): Dilemmas in a general theory of planning, *Policy Sciences*, vol. 4, nº2, pp. 155-169, https://n9.cl/dxus6.

UNESCO (2015): Repensar la Educación. ¿Hacia un bien común mundial?, pág. 84. https://n9.cl/nxtm.

Wiek, A., Withycombe, L. y Redman, C. L. (2011): Key competencies in sustainability: a reference framework for academic program development, *Sustain Sci*, vol. 6, pp. 203-218, https://n9.cl/756uv.

CAPÍTULO 9

LA COMUNIDAD DE ESTUDIANTES. UNA VISIÓN DE PRESENTE Y FUTURO DE LA EDUCACIÓN SUPERIOR

MARTINA BO

1. INTRODUCCIÓN: LA COMUNIDAD ESTUDIANTIL EN UN MUNDO GLOBALIZADO

Si cerramos los ojos e imaginamos las características de la comunidad estudiantil en 2050, observamos un conjunto de individuos que no se limita a aprender en las cuatro paredes del aula universitaria, sino que aplica de manera activa el conocimiento, que sale a las calles y crea grupos colectivo-asociativos sin fronteras. El acto de estudiar cambia de significado: se vuelve flexible, interactivo e impactante. El estudiante no recibe pasivamente las nociones, sino que las cuestiona, busca alternativas y no se conforma. Complementa el aprendizaje con viajes, estadías y prácticas en otros países, sigue cursos especializados para su crecimiento personal y profesional y, al hacerlo, transforma la educación superior.

Y ahora, ¡abrimos los ojos!: esta comunidad estudiantil no es una utopía, sino la realidad. Cada vez más estudiantes se sienten ciudadanos globales y agentes de cambio: abandonan el hogar para construir puentes con el extranjero, ven las diferencias como oportunidades de innovación en lugar de obstáculos, crean comunidades locales, regionales e internacionales para enfrentar los retos de un mundo globalizado. Un mundo donde los desafíos como el cambio climático, la construcción y la preservación de la paz, el fortalecimiento de la democracia, la seguridad alimentaria, la revolución tecnológica y la inteligencia artificial trascienden las fronteras y necesitan respuestas coordinadas. En este contexto, la comunidad de estudiantes se hace propulsora del poder transformador de las conexiones multilaterales entre países.

Por eso, el estudiantado necesita un asiento como actor clave en la mesa de la gobernanza educativa global. Según los datos de la UNESCO, cuando mencionamos la comunidad estudiantil estamos hablando de hecho de casi 254 millones de estudiantes universitarios en todo el mundo; una cifra que se ha más que duplicado en los últimos 20 años y que sigue creciendo. Adicionalmente, más de 6,4 millones de estudiantes se forman en el extranjero, creando enlaces transfronterizos durables. En general, los estudiantes trabajan cada día para alcanzar el Objetivo de Desarrollo Sostenible 4 (ODS4), que busca para 2030 "garantizar el acceso igualitario para todas las mujeres y los hombres a una enseñanza técnica, profesional y superior asequible y de calidad, incluida la universitaria".

Sin embargo, la tasa general de matriculación es del 42%, con grandes diferencias entre países y regiones. Además, a nivel mundial, en 2023, el 20,4% de los jóvenes no estudiaba ni trabajaba (NEET, NiNi en español), y dos de tres de estos NEET eran mujeres, advierte la Organización Internacional del Trabajo (2024). El aumento en la matrícula estudiantil, junto con la disminución del financiamiento estatal del sector, a lo largo del globo ha llevado a que cada vez más aulas estén masificadas (UNESCO IESALC, 2023). Estos son datos preocupantes si se quiere formar una comunidad de jóvenes estudiantes representativa, inclusiva y fuerte en la geopolítica de la educación.

En conclusión, este breve ensayo hará un viaje entre presente y futuro. Abordará el panorama actual presentando la comunidad estudiantil y su papel en la educación superior global. En segundo lugar, resaltará los principales desafíos y oportunidades futuras en la experiencia estudiantil. Finalmente, terminará con una mirada hacia el futuro a través de unas propuestas concretas para fortalecer la comunidad estudiantil como actor global.

2. PANORAMA ACTUAL: LA COMUNIDAD ESTUDIANTIL EN LA EDUCACIÓN SUPERIOR GLOBAL

Hoy en día, los/las estudiantes son personas cuyo proyecto de vida y cuya participación social exceden la órbita universitaria. Por esta razón, necesitan un profesorado bien formado, innovación y sostenibilidad en el aula, modalidades de enseñanza flexibles, diversidad intercultural y una readaptación del tiempo dedicado al estudio. En este contexto, los profesores tienen la responsabilidad de potenciar la creatividad, encender la imaginación y promover el pensamiento crítico, preparando a los estudiantes a convivir con las diferencias y a encontrar soluciones innovadoras y sostenibles para abordar los desafíos globales. La educación superior implica formar de manera integral, desarrollando los recursos cognitivos que permitan continuar aprendiendo a lo largo de la vida mientras que se fomentan las habilidades sociales que permiten a los estudiantes ejercer una ciudadanía informada y responsable. Esto es relevante en un mundo globalizado, donde los problemas y los conflictos son transfronterizos y necesitan soluciones multilaterales a través del diálogo. La encuesta de Erasmus Student Network (ESN) demuestra que los estudiantes que han participado en un programa de movilidad llegan a ser ciudadanos globales, sintiendo una conexión fortalecida con el continente de acogida. Además, la probabilidad de ser ciudadanos activos, participando por ejemplo en elecciones locales, nacionales y europeas aumenta, con un 76% de estudiantes en movilidad que afirma tener la intención de votar (sobre todo a favor de temas de digitalización, multilateralismo, medioambiente y derechos humanos, políticos y cívicos) (Erasmus Student Network, 2024).

Después de la pandemia, la comunidad estudiantil ha adoptado un método más flexible de abordar la vida universitaria. Por ejemplo, son cada vez más los/las estudiantes que gestionan sus propios itinerarios de aprendizaje, con currículos adaptados y sesiones de teoría y práctica. Adicionalmente, la enseñanza es frecuentemente híbrida, con espacios de encuentros mixtos entre presenciales y digitales. Los estudiantes, de hecho, vienen al campus para experiencias presenciales intensivas y luego regresan a casa para completar el estudio en línea, con trabajos de grupo e individuales. La flexibilidad se aplica también a la posibilidad de cursar carreras en distintos lugares a través de la movilidad internacional y creando puentes disciplinares e internacionalización de los currículos, con un aprendizaje colaborativo, interdisciplinario y orientado a solucionar problemas. Como consecuencia, la educación superior ha tenido que adaptar sus políticas de bienestar físico y mental, acompañamiento estudiantil y formación docente (UNESCO IESALC, 2023). Esto se aplica sobre todo para públicos estudiantiles internacionales, de diferentes orientaciones sexuales, con discapacidades, de entornos desfavorecidos (socioeconómico, migratorio, etc.), trabajadores o de mayor edad (InclusiPHE, 2021).

La flexibilidad se expresa también fuera del estudio en el tiempo dedicado a actividades extracurriculares y de voluntariado. La comunidad estudiantil se convierte entonces en una comunidad de palabras y hechos: los/las estudiantes forman asociaciones, impulsando la vida comunitaria en la universidad. Estas asociaciones permiten el encuentro e intercambio entre estudiantes provenientes de diferentes contextos sociales y entornos culturales heterogéneos. Los participantes se reúnen en un ambiente de respeto recíproco e igualdad, promoviendo temas de interés común como el medio ambiente, cuestiones de género, derechos humanos, geopolítica, etc. La vida asociativa nace a nivel local y se extiende a nivel nacional e internacional, con formas de colaboración globales (a través de *hackathons*, foros, etc.) y portavoces en todo el mundo. Por ejemplo, ESN tiene una red capilar con más de 500 asociaciones locales presentes en 1.000 instituciones de educación superior en 45 países. Lo mismo se puede afirmar para la Unión Europea de Estudiantes (ESU), que representa a más de 45 sindicatos nacionales de estudiantes en 40 países. A nivel mundial, la comunidad de estudiantes está representada por el Foro Global de Estudiantes, que defiende los intereses educativos, culturales, económicos y sociales de más de 300 millones de estudiantes en todo el mundo. Estas redes conllevan un activismo estudiantil global, que es ampliado aún más gracias a las plataformas digitales y las redes sociales.

3. MIRADA AL FUTURO: LOS DESAFÍOS Y OPORTUNIDADES EN LA EXPERIENCIA ESTUDIANTIL

EL RETO DE TENER COMPETENCIAS ADECUADAS PARA EL FUTURO DEL MERCADO LABORAL

En un mundo geopolítico e interconectado, la comunidad de estudiantes se enfrenta a numerosos desafíos. Entre estos, el más relevante es el de tener las competencias necesarias (sobre todo digitales) para adaptarse a un mercado laboral en constante evolución. La alfabetización digital, así como los dispositivos, las plataformas y la conexión a internet, están distribuidos de manera desigual tanto entre los países como dentro de ellos, con implicaciones negativas para la experiencia educativa del estudiante (UNESCO, 2021). Por ejemplo, en la Década Digital la Unión Europea ha definido el objetivo de alcanzar, para el año 2030, 20 millones de graduados en la rama de la Tecnología de Información y Comunicación, en un contexto en el que el 50% de la población europea no tiene competencias digitales básicas, a pesar de que más del 90% de los empleos las requieren (Comisión Europea, 2021). A nivel mundial, el Pacto Digital Global de las Naciones Unidas enfatiza objetivos parecidos para que el estudiantado de hoy sea formado adecuadamente para los retos de mañana.

Por lo tanto, elegir una carrera universitaria que permita desarrollar, por ejemplo, habilidades digitales (como inteligencia artificial, seguridad cibernética, realidad virtual y aumentada) empodera a los jóvenes en el futuro del trabajo. La educación juega un rol fundamental para cultivar el talento, cerrar la brecha digital, asegurar el equilibrio de género y alcanzar los Objetivos de Desarrollo Sostenible. Sin embargo, los programas de estudio en Ciencia, Tecnología, Ingeniería y Matemáticas (STEM) siguen siendo escasos: solo los estudiantes de Malasia y Túnez tienen el 40% de probabilidad de recibir un título en estos campos, mientras que para los graduados de otros países del mundo la probabilidad cae, de media, al 20% (por ejemplo, los Estados Unidos tienen una probabilidad del 19,6%; Brasil, del 17,5%) (Foro Económico Global, 2023).

Para poder mejorar sus competencias específicas (a través del *upskilling* y *reskilling*) y potenciar su empleabilidad, la comunidad de estudiantes está ampliando el uso de micro-credenciales, reconfigurando el papel tradicional de las instituciones de educación superior. Estas ofrecen oportunidades de aprendizaje flexible y relevantes para los sectores de trabajo de alta demanda, permitiendo a los jóvenes adaptarse fácilmente a los cambios laborales. Solo en cuatro años, las microcredenciales ofrecidas por los cinco mayores proveedores aumentó de 600 en 2018 a 1.900 en 2022. Además, las micro-credenciales promueven la inclusión social, siendo accesibles a estudiantes desfavorecidos y vulnerables (Organización para la Cooperación y el Desarollo Económico, 2023).

Sin embargo, la diversidad de proveedores plantea dudas sobre la acreditación y transparencia en cuanto a los estándares de las microcredenciales. Adicionalmente, es más difícil recibir el reconocimiento de una microcredencial en comparación con los títulos clásicos. Por lo tanto, para complementar de manera eficaz los cursos tradicionales y aportar valor añadido a la comunidad de estudiantes, se necesitan prácticas de aseguramiento de la calidad y mayor información sobre los procesos de reconocimiento y salidas laborales de las microcredenciales. Una orientación e interacción estudiantil más cercana, sobre todo en un entorno de aprendizaje en línea, permite reducir las tasas de abandono y facilitar la toma de decisiones en el camino de estudios.

LA MOVILIDAD ESTUDIANTIL: UNA EXPERIENCIA FUNDAMENTAL EN LA GEOPOLÍTICA EDUCATIVA, PERO DESIGUAL

El plan de estudios contemporáneo está caracterizado por experiencias en el extranjero y alianzas universitarias transfronterizas. En casi todos los países del mundo, cada vez más estudiantes deciden realizar una experiencia de movilidad como catalizador de excelencia académica, intercambio cultural y comprensión internacional en un mundo interconectado. De hecho, estas experiencias permiten desarrollar competencias transversales como la inteligencia cultural, el pensamiento crítico, la capacidad de resolución de problemas, la creatividad, el multilingüismo y la adaptabilidad. No sorprende entonces que a nivel global la proporción de estudiantes internacionales haya aumentado entre 2013 y 2022, a pesar de las interrupciones debidas a la pandemia de COVID-19, según los datos de la OCDE. En Europa, por ejemplo, el programa Erasmus+ ha permitido a 15 millones de beneficiarios formarse en el extranjero desde su creación, con 4.000 millones de subvenciones asignadas y casi 100.000 instituciones involucradas solo en 2023 (Comisión Europea, 2023). Más que un momento histórico colectivo específico, la movilidad estudiantil y la libertad de movimiento (en el sentido de viajar, estudiar, trabajar y vivir en el extranjero) ha definido los años de formación de los jóvenes europeos, con el 40% que menciona los intercambios Erasmus como su momento formativo más significativo (University of Oxford, 2021).

Si bien la movilidad estudiantil es una experiencia fundamental en el crecimiento académico, desarrollo personal y oportunidades de empleo (con tasas de desempleo un 23% más bajas entre los participantes Erasmus), no es accesible a toda la comunidad global de estudiantes. La encuesta de ESN, que cada año recibe más de 20.000 respuestas por parte de la comunidad estudiantil, destaca tres obstáculos principales. Antes de todo, se observa una preocupación por la falta de recursos financieros para participar en un programa de movilidad (subrayado por casi el 40% de encuestados con el 62,7% que afirma haber recibido su beca después de su intercambio). Este dato es relevante en el ámbito de las últimas declaraciones estadounidenses de recortes financieros para programas de movilidad. En segundo lugar, se destaca la búsqueda de un alojamiento accesible (según el 35,5% de los encuestados). Por último, se señalan los problemas relacionados con los cursos, entre otros, la inscripción y el reconocimiento de los exámenes sostenidos en otra universidad (según el 34% de los encuestados) (Erasmus Student Network, 2024).

Los desafíos aumentan si se consideran a los estudiantes de entornos desfavorecidos (entre otros, de bajos niveles socioeconómicos o de minorías étnicas). Para participar en un programa de movilidad, por ejemplo, necesitan que, por lo menos, el 75% de los gastos sean cubiertos de antemano por una subvención en comparación a otros becarios. Además, los estudiantes que pertenecen a esta categoría muestran más dificultades en integrarse en la comunidad estudiantil y temen situaciones de discriminación. De hecho, según otra encuesta de ESN sobre la inclusión social estudiantil, los estudiantes de entornos desfavorecidos afirman recibir un trato diferente o injusto, así como un acceso distinto a los recursos y oportunidades universitarias (Erasmus Student Network, 2021).

Además, los programas de movilidad crean enlaces entre comunidades estudiantiles de varias regiones del mundo, y favorecen el intercambio de ideas, investigación e innovación conjunta. Los estudiantes son los protagonistas de esta revolución de abajo hacia arriba, que crea puentes para enfrentar retos comunes. Por lo tanto, si la movilidad estudiantil es una herramienta para mejorar la relación entre regiones, se necesita reducir las barreras como el proceso de visado para participar en intercambios en el extranjero. De hecho, los datos de ESN subrayan que el proceso de solicitud de visado suele ser demasiado exigente o estricto, y aumenta de complejidad en función del país de acogida o de la nacionalidad del estudiante. Por ejemplo, varios países expiden un visado de estudiante solo si el solicitante puede presentar pruebas de que dispone de fondos suficientes o apoyo financiero durante su estancia, resultados de un reconocimiento médico, certificado de antecedentes penales, partida de nacimiento, copia del pasaporte, carta de aceptación de la universidad de acogida, una lista de los países visitados en los últimos cinco años y una prueba de billete de ida y vuelta. Además, la solicitud debe iniciarse seis meses antes del viaje, lo que hace que el proceso sea bastante largo y agobiante (Erasmus Student Network, 2025). En el caso de los Estados Unidos, en 2025 el gobierno decidió suspender el proceso para emitir nuevos visados estudiantiles. En este contexto, aproximadamente el 17% de los encuestados en la ESNsurvey afirmó que el proceso de solicitud de visado fue demasiado complicado o estricto, creando un obstáculo a la movilidad (Erasmus Student Network, 2024).

Las dificultades de movilidad aumentan para estudiantes del sur global, subrayando una brecha norte-sur en la educación superior. Mientras las universidades del norte compiten en una guerra por el talento, relajando criterios de admisión para atraer a estudiantes internacionales (por ejemplo, a través de la nueva estrategia de visados para talentos de la Comisión Europea, parte de la Unión de las Competencias) (Comisión Europea, 2025), muchos jóvenes del sur enfrentan barreras lingüísticas, limitaciones económicas y obstáculos burocráticos que restringen su acceso. Esta desigualdad se ve agravada por dinámicas como el *brain drain*, o fuga de cerebros, fenómeno en el que los estudiantes más capacitados migran y rara vez regresan, reforzando un colonialismo académico que concentra el conocimiento en el norte global.

PONER A LOS ESTUDIANTES EN EL CENTRO DE LOS PROCESOS EDUCATIVOS

En general, como actores clave en la educación, los jóvenes y estudiantes son socios fundamentales para alcanzar el ODS 4 de garantizar una educación de calidad para todos. A nivel global, existe la Red de Jóvenes y Estudiantes del ODS 4: una plataforma inclusiva y representativa de grupos de jóvenes y estudiantes, diseñada para garantizar su participación en la formulación de políticas educativas globales. Sin embargo, en otras numerosas plataformas y conferencias se sigue hablando de estudiantes y jóvenes sin incluirlos en la mesa de trabajo. La comunidad estudiantil es un actor geopolítico clave infrarrepresentado en la gobernanza de la educación superior. Eso conlleva como resultado unas políticas públicas y educativas que no son representativas ni inclusivas. Poner a los estudiantes en el centro de los procesos educativos globales y de toda la vida universitaria local implica entonces reformar la participación estudiantil a 360 grados. A nivel local, es esencial innovar los procesos de generación, investigación y aplicación del conocimiento, al igual que los procesos administrativos y de servicios. Por ejemplo, ESN ha lanzado la plataforma de la Generación Erasmus para recopilar toda la información relevante para los/las estudiantes que desean realizar una movilidad en el extranjero, garantizando la igualdad de acceso a la información. A nivel nacional, los ministerios de educación necesitan repensar el modelo de aprendizaje no formal, reconociendo el trabajo asociativo de la comunidad estudiantil y las competencias adquiridas gracias al voluntariado; por ejemplo, a través de créditos curriculares asignados a actividades voluntarias con alto impacto social y ambiental. Por último, a nivel internacional, es esencial que los/las estudiantes tengan un asiento en los organismos internacionales, sobre todo si se debate sobre temas de educación, internacionalización y acceso al mundo del trabajo. Como suelen afirmar los jóvenes delegados en las Naciones Unidas: "nada sobre nosotros, sin nosotros".

4. CONCLUSIONES: PROPUESTAS ESTRATÉGICAS Y RETOS PENDIENTES

En conclusión, en los últimos años la comunidad estudiantil ha llegado a ser una comunidad transfronteriza, concertada y activa. Este proceso seguirá ganando fuerza en el futuro gracias a las nuevas oportunidades de movilidad, redes sociales, enseñanza virtual e innovación digital. Adicionalmente, el estudiantado no es solo un consumidor pasivo de educación, sino que es un actor activo en la geopolítica de la educación superior a nivel mundial. En este contexto, las universidades y las instituciones educativas tienen que fortalecer el rol geopolítico de sus estudiantes, promoviendo la participación y el liderazgo estudiantil global y su acción comunitaria. Esto implica el fortalecimiento de las redes estudiantiles y la inclusión de las voces de la comunidad estudiantil del norte y sur global en los foros internacionales para que la gobernanza educativa sea más inclusiva y representativa. Para terminar, el futuro educativo necesita un nuevo contrato social en el que la comunidad estudiantil asuma un papel clave en la transformación de la educación superior, para que sea más equitativa, democrática y globalmente comprometida.

BIBLIOGRAFÍA

Comisión Europea (2021), *Communication from the Commission to the European Parliament, the Council, the European Economic and Social Committee and the Committee of the Regions, 2030 Digital Compass: the European way for the Digital Decade*, https://n9.cl/3brgi.

— (2023): *Erasmus+ Annual Report 2023*, https://n9.cl/3omae.

— (2025): *La Unión de las Competencias*, https://n9.cl/p6gaoo.

Erasmus Student Network (2021): *Social Inclusion and Engagement in Mobility: Maybe it will be different abroad - Student and staff perspectives on diversity and inclusion in student exchange*, https://n9.cl/zuvbt.

— (2024): *ESNsurvey XV Edition, Making Quality Mobility a Reality for All*, https://n9.cl/7hmrz.

— (2025): *El estado actual de la colaboración entre la Unión Europea y América Latina y el Caribe en los ámbitos de la internacionalización de la educación superior y la movilidad estudiantil*, https://n9.cl/ix9uw.

Foro Económico Global (2023). *Which countries' students are getting most involved in STEM?*, https://n9.cl/6bm4e.

InclusiPHE (2021): *Stronger Together: Towards Inclusive student engagement of non-traditional students in professional higher education*, https://n9.cl/qqkuvr.

Organización para la Cooperación y el Desarollo Económico (2023): *Micro-credentials for Lifelong Learning and Employability*, https://doi.org/10.1787/9c4b7b68-en.

Organización Internacional del Trabajo (2024): *Global Employment Trends for Youth 2024*, https://n9.cl/oqaww9.

UNESCO (2021): *Reimagining our futures together: a new social contract for education*, https://n9.cl/5tti2.

UNESCO IESALC (2023): *Educación Superior y Sociedad*, vol. 35, nº 1, https://n9.cl/ay5c8.

University of Oxford (2021): *Young Europeans Speak to EU*, https://n9.cl/ua1mo.

CAPÍTULO 10

UNIVERSIDAD CON PROPÓSITO: MEDIR Y FORTALECER SU VALOR SOCIAL COMO IMPERATIVO ESTRATÉGICO

MARÍA TERESA GALLO-RIVERA Y RUBÉN GARRIDO-YSERTE

1. INTRODUCCIÓN

El interés por conocer los beneficios sociales de las universidades no es reciente. Numerosos estudios se han centrado en sus impactos económicos a corto plazo como agentes activos en el entorno local, tradición especialmente fuerte en el ámbito anglosajón y con desarrollo más reciente en Europa y otros contextos. También se ha profundizado en su contribución de largo alcance, vinculada al capital humano, la investigación y la innovación, factores clave para la productividad y el crecimiento económico.

En tiempos recientes, la atención se ha desplazado hacia el papel de las universidades frente a los grandes desafíos sociales globales. Esta preocupación ha impulsado a muchas instituciones de educación superior a diseñar estrategias que generen valor compartido para sus diversos grupos de interés. En este marco, cobran fuerza las iniciativas que buscan sistematizar y medir el valor social de la universidad, tanto para replantear su misión como para optimizar su gestión estratégica.

Esta contribución propone avanzar en la conceptualización del valor social universitario, identificar sus dimensiones clave, reconocer a los actores implicados y explorar estrategias para potenciarlo. Porque, más allá de sus funciones tradicionales —docencia e investigación—, las universidades generan beneficios que superan ampliamente los recursos que consumen.

El impacto de la formación se refleja en mayores tasas de empleabilidad y mejores ingresos; la investigación impulsa la innovación empresarial, el avance científico y la productividad a largo plazo. En España, por ejemplo, un estudio del Ministerio de Ciencia, Innovación y Universidades (MICIN, 2023) cifra el impacto del sistema de universidades públicas en un 2,2% del PIB y un 2,4% del empleo. En el caso de la Comunidad de Madrid, su sistema universitario ha sido evaluado positivamente por su contribución al progreso regional (Romera *et al.*, 2021).

Pero este valor no se agota en los indicadores económicos. Las universidades también aportan a la sociedad mediante acciones como el voluntariado, el impulso cultural y científico, el compromiso con la igualdad, la inclusión y la sostenibilidad ambiental. El informe de la Fundación CYD (2024) destaca el papel activo del sistema universitario español en estos ámbitos, mostrando su capacidad para enfrentar desafíos sociales como la igualdad, la discriminación y el acoso, la promoción de la salud y la cohesión social.

Por tanto, resulta necesario visibilizar todos estos aportes, cuantificando los beneficios que genera una universidad, tanto en actividades de mercado —aquellas con un precio definido— como en actividades de no mercado —sin un valor monetario directo, pero de gran importancia para los grupos de interés—.

Medir el valor social implica elaborar un mapa de actividades universitarias e identificar los beneficios que aportan a cada grupo de interés: estudiantado, personal docente y administrativo, empresas, administraciones públicas, organizaciones sociales, etc. Es un proceso que va más allá de la transparencia exigible: requiere diálogo, interpretación compartida y responsabilidad institucional.

Este ejercicio de escucha activa permite detectar qué acciones generan más valor, dónde hay márgenes de mejora y cómo monetizar impactos para hacerlos tangibles. De esta forma, se construye un balance entre los recursos que la universidad demanda y los beneficios que devuelve a la sociedad.

Cada universidad genera un valor social único, en función de cómo desarrolla sus actividades, interpreta sus misiones y se vincula con su entorno. Medir este valor permite diseñar estrategias que lo maximicen, fortaleciendo áreas débiles o desatendidas, y potenciando su impacto real. Por tanto, se convierte también en una herramienta útil para la gestión estratégica institucional.

Cuantificar el valor social permite visualizar el compromiso de las universidades con objetivos clave: formar una ciudadanía crítica y responsable, generar conocimiento útil y riguroso, dinamizar la economía local, fomentar el bienestar colectivo, la cohesión social, la sostenibilidad ambiental y la promoción cultural.

Disponer de una estimación de este valor también es un activo reputacional. Refuerza el papel de la universidad ante su comunidad, permite entender mejor los efectos multiplicadores de su actividad y consolida el vínculo con la sociedad. Esta visibilidad es clave para reclamar mayor apoyo público y privado, especialmente en contextos de incertidumbre, restricciones presupuestarias y creciente competencia por recursos.

Además, aporta coherencia a la gestión interna, alineando recursos y esfuerzos con las misiones y objetivos institucionales. En suma, la medición del valor social no solo muestra lo que la universidad hace, sino lo que significa para su entorno y cómo puede seguir transformándolo.

2. CONCEPTUALIZANDO EL VALOR SOCIAL DE LA UNIVERSIDAD

Definir el valor social de la universidad implica comprender el conjunto amplio de beneficios que estas instituciones aportan al tejido social. A diferencia de los indicadores económicos convencionales —como el aporte al PIB o el retorno financiero de la inversión educativa—, el valor social abarca dimensiones más integrales y difíciles de cuantificar: desde la mejora de la calidad de vida hasta el fomento de valores cívicos, la producción cultural, la participación en el debate público o la promoción de derechos.

Según Kelly y McNicoll (2011), el valor social universitario puede entenderse como una visión global de la utilidad de la educación superior para la sociedad, integrando los beneficios de la docencia, la investigación, la transferencia de conocimiento y sus múltiples externalidades positivas. Desde esta perspectiva, no se trata de añadidos a su actividad principal, sino de elementos inherentes a su misión. Es una visión holística, donde el valor económico se sitúa dentro de un marco más amplio de bienestar social, directamente vinculado a las necesidades y valores de la sociedad en la que la universidad actúa.

En términos simples, el valor social responde a la pregunta: ¿en qué y cuánto mejora la sociedad gracias a la existencia y acción de la universidad? Las respuestas son múltiples: formación de una ciudadanía más educada y consciente, diseño de políticas públicas basadas en evidencia, desarrollo de tecnologías para resolver problemas sociales, ampliación de la movilidad social, conservación cultural, fortalecimiento democrático y defensa de los derechos humanos.

En el contexto actual, caracterizado por desafíos complejos y globales, este concepto incorpora también una dimensión de interdependencia: el valor social universitario se construye en colaboración con gobiernos, empresas, sociedad civil y comunidades. De ahí que las metodologías para medirlo adopten enfoques integrales como la contabilidad social o el retorno social de la inversión, que combinan indicadores cuantitativos y cualitativos para capturar estos impactos amplios.

En España, se han dado pasos importantes en el análisis del impacto socioeconómico de las universidades (CRUE, 2019; MICIN, 2023) y en la medición de su valor social[5]. Entre estas iniciativas, destaca la aplicación del enfoque de Valor Social Integrado (VSI), caracterizado por su alta complejidad con relación a considerar las metas a largo plazo de las universidades en ámbitos clave como la educación y la investigación y su repercusión en los grupos de interés. Este modelo contempla también efectos no deseados o negativos,

5. Ayuso, Carbonell y Serradell, 2022; Garrido *et al.*, 2021; ACUP, 2020; Ayuso, Sánchez y Retolaza, 2017; Retolaza, San-José y Ruiz-Roqueñi, 2015.

como la reproducción de desigualdades, la desconexión con el entorno o la falta de políticas sostenibles (Ayuso *et al.*, 2022).

El concepto de valor social se vincula estrechamente con la responsabilidad social universitaria (RSU), entendida como el compromiso institucional con las necesidades de sus grupos de interés —estudiantado, personal docente y de gestión, egresados, empresas, ciudadanía— en todas sus funciones. Desde la perspectiva de la teoría de los *stakeholders*, una universidad socialmente responsable alinea su gestión, enseñanza e investigación no solo con criterios académicos internos, sino con el impacto que genera sobre el desarrollo humano y sostenible de su entorno.

Así, RSU y valor social se complementan: la primera alude al deber ético y a las prácticas responsables; la segunda, a los efectos reales y percibidos de esas acciones sobre la sociedad.

En definitiva, conceptualizar el valor social de la universidad implica asumirla como un bien público y como un actor social clave. Su impacto trasciende la formación individual para expresarse en términos de cohesión social, equidad, progreso científico y calidad de vida colectiva.

3. EVIDENCIAS DEL VALOR SOCIAL GENERADO POR LA UNIVERSIDAD

3.1. ¿POR DÓNDE EMPEZAR?

Medir el valor social generado por una universidad implica reconocer la complejidad de sus impactos, más allá de sus funciones académicas tradicionales. Para abordar esta estimación de manera estructurada, se proponen tres niveles: el valor económico con impacto social (VES), el retorno socioeconómico (VSE) y el valor social integrado (VSI) (Retolaza, San-José y Ruiz-Roqueñi, 2015). Cada uno agrega capas de profundidad en la medición, desde los beneficios tangibles hasta los impactos percibidos en múltiples dimensiones de la vida social.

El objetivo es identificar el valor creado para los distintos grupos de interés, no solo desde una perspectiva económica, sino también desde una lógica de compromiso, pertenencia e influencia transformadora. Esta metodología combina una aproximación cualitativa —identificando actores clave y variables relevantes— con un enfoque cuantitativo que monetiza los beneficios mediante algoritmos e indicadores *proxy*. El análisis se enmarca en un modelo poliédrico que permite visualizar cómo diferentes *stakeholders* perciben y valoran de forma diferenciada la contribución de la universidad.

El grado de alineación entre los intereses de estos actores y las acciones universitarias determina la magnitud del valor compartido, entendido como el beneficio que se produce cuando distintas partes implicadas reconocen, apropian y amplifican conjuntamente los resultados de una institución. Este modelo no solo cuantifica, sino que también proporciona una herramienta estratégica para orientar decisiones institucionales.

Ayuso, Sánchez y Retolaza (2017) estructuran esta aproximación en cuatro fases: identificación de los grupos de interés, identificación de variables de valor, monetización y visualización de resultados. Estas fases requieren tanto una base empírica sólida como un compromiso institucional con la transparencia y el diálogo.

Fase 1: Identificación de grupos de interés

El primer paso es definir quiénes son los actores clave vinculados a la universidad y qué papel desempeñan. A partir de entrevistas con órganos de gobierno y revisiones de estudios comparables, se elabora un mapa de *stakeholders*. Este identifica a ocho grupos fundamentales:

- Estudiantado (grados, másteres, doctorados y títulos propios).
- Alumni, es decir, titulados que mantienen una relación pasada o activa con la institución.
- PDI (Personal Docente e Investigador), que incluye profesorado estable, temporal o visitante.

- PAS (Personal de Administración y Servicios), que apoya la operativa universitaria.
- Proveedores y contratistas que prestan servicios clave.
- Administraciones públicas, a distintos niveles, con las que se articulan políticas y recursos.
- Empresas, que colaboran en prácticas, investigación o transferencia de conocimiento.
- Sociedad civil, como el entorno local, asociaciones, colectivos sociales y ciudadanía.

Esta identificación es fundamental, ya que la legitimidad del análisis depende de una representación precisa y comprensiva de los actores involucrados.

Fase 2: Identificación de variables de valor

Una vez definidos los grupos de interés, se procede a identificar las variables de valor asociadas a las funciones universitarias. A través de la construcción de una matriz de intereses de los distintos grupos de interés se puede comprender cómo y en qué medida cada acción genera impacto.

Un marco útil para esta fase es el propuesto por SDSN Australia/Pacific (2017), que vincula las funciones universitarias con los Objetivos de Desarrollo Sostenible (ODS). Estas funciones son:

- Educación: acceso a formación de calidad, asequible e inclusiva, con impacto en la empleabilidad, movilidad social y desarrollo de competencias ciudadanas.
- Investigación: generación y transferencia de conocimiento que incide en la resolución de desafíos sociales y científicos.
- Gestión y gobernanza: integración de principios éticos, participativos y sostenibles en la organización interna.
- Liderazgo social: implicación activa en la transformación del entorno a través de cultura, voluntariado, sostenibilidad y extensión universitaria.

Dentro de estas dimensiones se identifican variables concretas (ej., valor de créditos superados, becas, impacto salarial, publicaciones, licencias de patentes, actividades culturales, campañas de sostenibilidad), diferenciadas entre mercado y no mercado.

Estas variables permiten trazar una matriz de valor, delimitando qué beneficios impactan a qué grupo y en qué magnitud, para luego traducir esta información a cifras monetizadas (figura 1).

Fase 3: Monetización de los indicadores

Esta etapa aplica algoritmos específicos para convertir las variables de valor en estimaciones económicas. Se utilizan indicadores directos (becas otorgadas, número de egresados contratados, ingresos por actividades culturales) y valores *proxy* (coste de oportunidad, eficiencia en el uso de los recursos, prima salarial, valor reputacional estimado).

El objetivo es reflejar, de forma tangible, cuánto valor crea la universidad en cada dimensión funcional y para cada grupo de interés. Esta cuantificación considera tanto beneficios individuales como colectivos, así como externalidades positivas que, aunque no tienen un precio de mercado, sí generan utilidad social (tabla 1). Por ejemplo:

- El valor económico de la docencia incluye créditos superados, prácticas profesionales remuneradas, ayudas al estudio y prima salarial del título universitario.
- En investigación, se incluyen fondos competitivos obtenidos, publicaciones científicas, patentes y *spin-offs*.
- La gestión y gobernanza se mide a través de programas de bienestar laboral, participación institucional, formación interna, entre otros.
- El liderazgo social se monetiza considerando actividades culturales, impacto en sostenibilidad, programas de extensión y acciones de RSU.

Fase 4: Agregación y visualización

Los valores calculados en la fase anterior se integran para construir el Valor Social Total. Este se presenta desglosado por función universitaria, tipo de valor (económico, específico e integrado) y grupo de interés.

FIGURA 1

LAS FUNCIONES DE LA UNIVERSIDAD Y SU POTENCIAL DE CREACIÓN DE VALOR SOCIAL

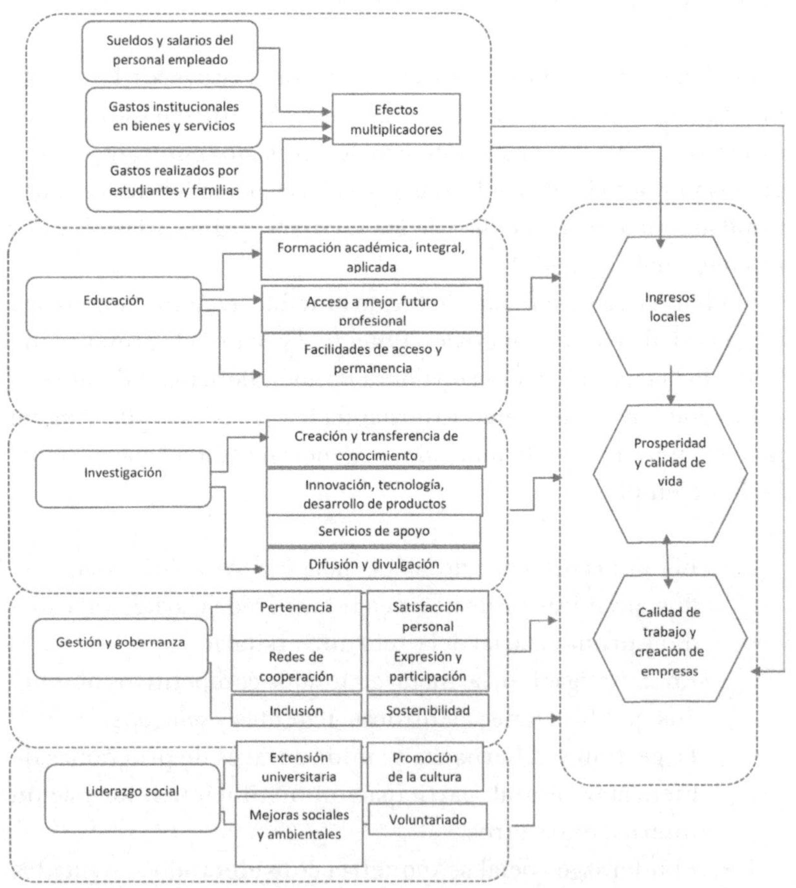

Fuente: Elaboración propia adaptado de Hill y Hoffman (2009).

TABLA 1

EJEMPLOS DE VARIABLES DE VALOR E INDICADORES POR DIMENSIONES DE LA FUNCIÓN UNIVERSITARIA

VARIABLES DE VALOR E INDICADORES DE LA DIMENSIÓN DE LA DOCENCIA

Formación académica
- Valor de los créditos ECTS de estudios (pregrado y posgrado) oficiales superados
- Pérdida de valor de los créditos ECTS matriculados debido al abandono estudiantil (pregrado y posgrado)

Formación integral
- Valor de los créditos ECTS concedidos en actividades con reconocimiento académico de estudios oficiales (actividades universitarias culturales, deportes, voluntariado o cooperación)

Formación aplicada
- Cuantía de la remuneración de las horas de prácticas profesionales curriculares / extracurriculares realizadas por los estudiantes de estudios oficiales.

Facilidades de acceso a la universidad y Permanencia
- Cuantía de las exenciones otorgadas para facilitar el acceso (familia Numerosa, discapacidad, víctimas de terrorismo matrícula de honor, etc.)

Acceso a un mejor futuro profesional
- Valor de la prima salarial diferencial por la titulación universitaria (tasa de inserción laboral y prima salarial)

Subvenciones para la formación académica
- Valor de las exenciones y ayudas de estudio (situación económica desfavorable, situaciones sobrevenidas, necesidades específicas por discapacidad) y becas de investigación concedidas
- Valor del servicio de apoyo personal y técnico (horas dedicadas) al estudiantado con necesidades educativas específicas por discapacidad y atletas de alto nivel (programa Tutordis y Tutordes)

VARIABLES DE VALOR E INDICADORES DE LA DIMENSIÓN DE INVESTIGACIÓN

Creación de conocimiento
- Cuantía de financiamiento de proyectos competitivos obtenidos
- Valor económico de las publicaciones en revistas científicas de alto impacto
- Valor de los programas de formación dirigidos al profesorado
- Valor de las actividades derivadas de los Grupos y de los proyectos de innovación docente en los que participa el profesorado

Transferencia de conocimiento
- Cuantía de financiamiento de proyectos no competitivos obtenidos

Innovación
- Valor económico privado de las patentes solicitadas
- Cuantía ingresos generados por licencias
- Facturación de las empresas (*spin off*) activas
- Importe de remuneraciones por doctorados industriales

Acceso a servicios y recursos de soporte
- Valoración económica de los servicios de biblioteca
- Importe de los servicios prestados de soporte a la investigación

Difusión y divulgación del conocimiento
- Valoración de noticias en prensa escrita, online, tv, radio, plataformas divulgativas
- Valoración de conferencias académicas impartidas por el profesorado
- Valoración de actividades relacionadas con la Semana de la Ciencia (salarios, stand, etc.)
- Ingresos percibidos por la Editorial

VARIABLES DE VALOR E INDICADORES DE LA DIMENSIÓN DE GOBERNANZA Y EN LA GESTIÓN

Sentimiento de pertenencia y creación de imagen positiva
- Valor de las campañas de comunicación y marketing (Ferias, publicidad)
- Ingresos por venta de artículos de merchandising

Creación de redes
- Financiación de actividades de asociaciones de estudiantes
- Ingresos por suscripción al Programa Alumni (egresado/as)

Satisfacción personal
- Ayudas sociales y de formación al personal de la universidad (PDI, PAS)

Participación en los órganos de gobierno
- Valor del complemento económico por participación en órganos de gobierno de la universidad

Intercambio y movilidad
- Valor de las ayudas para el intercambio y la movilidad (estudiantes, PDI, PAS) concedidos por la Administración Pública, la propia universidad, otras organizaciones

Integración de personas con necesidades especiales
- Valor de las bonificaciones recibidas por la contratación de personas con necesidades específicas por discapacidad

VARIABLES DE VALOR E INDICADORES DE LA DIMENSIÓN DE LIDERAZGO SOCIAL

Extensión universitaria
- Ingresos por matrículas de Cursos de Verano
- Ingresos por matrículas en la Universidad para Mayores y de conferencias ofrecidas a adultos mayores
- Valor de las actividades y talleres ofrecidos a estudiantado de Educación Secundaria
- Ingresos por cursos de Extensión Universitaria y Acciones Formativas
- Promoción de cultura
- Ingresos por actividades culturales
- Gasto en conservación y restauración de edificaciones de la universidad

Promoción de mejoras sociales y ambientales
- Importe de actividades de Responsabilidad Social Universitaria
- Valor del ahorro de emisiones de CO2
- Valor del ahorro por eficiencia energética
- Participación en actividades de voluntariado
- Valor del servicio ofrecido en actividades de voluntariado realizado por el estudiantado, profesorado y personal administrativo

Fuente: Elaboración propia a partir de Garrido *et al.* (2021).

La visualización incluye gráficos, balances y comparativas que facilitan la interpretación de los datos y el diseño de estrategias institucionales. Además, permite observar dónde se concentran los mayores impactos y dónde existen oportunidades para fortalecer o reorientar la acción universitaria.

3.2. ¿DÓNDE SE GENERA MÁS VALOR SOCIAL?

Los estudios realizados en universidades públicas catalanas y en la Universidad de Alcalá (ACUP, 2020; Garrido *et al.*, 2021) revelan que el mayor valor social se genera en la educación, seguida de la investigación. Las funciones de gestión y gobernanza y liderazgo social también generan valor, aunque en menor magnitud cuantitativa, pero no por ello irrelevante.

La educación superior genera valor mediante formación integral, movilidad, acceso igualitario, prácticas profesionales, inserción laboral y mejora salarial. A esto se suma la conexión con la investigación, que también impacta al estudiantado y al tejido productivo a través de proyectos, convenios, cátedras y transferencia de conocimiento.

El liderazgo social se expresa en actividades de divulgación y extensión universitaria como la Semana de la Ciencia, cursos para mayores, voluntariado, conservación del patrimonio, acciones medioambientales y culturales, cuya repercusión se extiende al entorno más próximo.

3.3. ¿QUIÉNES RECIBEN ESTE VALOR?

El estudiantado es el principal receptor del valor generado, en aspectos formativos, económicos, sociales y experienciales. Le siguen en importancia las empresas y la sociedad, que se benefician de talento, innovación, desarrollo local y colaboración.

En el caso del alumnado, el valor se refleja en formación cualificada, acceso a ayudas y becas, políticas de inclusión, experiencias internacionales, participación en la vida universitaria (actividades deportivas, culturales, de cooperación o voluntariado), acceso a las primeras experiencias laborales con prácticas curriculares y extracurriculares, acceso a formación complementaria, el contacto con la investigación en sus fases iniciales, la participación en la gobernanza universitaria la inserción laboral y la prima salarial de los estudios universitarios.

En el caso de los egresados el valor generado está relacionado con la empleabilidad, en la formación de redes y el establecimiento de puentes entre este grupo de interés y la universidad.

Las empresas reciben valor al acoger talento en prácticas, incorporar titulados cualificados y participar en investigación aplicada. También se benefician los proveedores locales, cuya actividad se ve impulsada por el gasto universitario.

Para el personal universitario (PDI y PAS), el valor reside en estabilidad laboral, formación, reconocimiento institucional, bienestar organizacional y participación en la gestión y gobernanza.

Finalmente, la sociedad en general se beneficia de la promoción cultural, la sostenibilidad, la cohesión social, la participación ciudadana y la difusión del conocimiento.

La evaluación integral del valor social universitario permite afirmar la centralidad de sus funciones de educación e investigación, pero también el papel creciente de la gestión institucional y el liderazgo social. Incluso con estimaciones prudentes, los efectos multiplicadores son evidentes.

Aun así, el valor generado va más allá de lo cuantificable. Elementos como el fortalecimiento de la salud pública, la igualdad de género, la inclusión, la movilidad social y la confianza institucional, aunque difíciles de monetizar, refuerzan la conclusión: la universidad devuelve a la sociedad mucho más de lo que esta invierte en ella.

4. CONCLUSIONES: ESTRATEGIAS PARA POTENCIAR EL VALOR SOCIAL DE LA UNIVERSIDAD

Cuantificar el valor social de la universidad es una tarea crucial pero compleja. La diversidad de grupos de interés, sus diferentes perspectivas y la limitada disponibilidad de información representan desafíos importantes que pueden derivar en una subestimación del impacto real de las instituciones universitarias. Además, existe el riesgo de que el ejercicio de medición sea malinterpretado como una estrategia exclusivamente orientada a mejorar la posición institucional en *rankings* o a justificar una mayor financiación pública, lo que exige una narrativa más clara y colaborativa.

Por ello, es esencial reforzar las estrategias de comunicación con los distintos actores implicados, explicando los beneficios de implementar herramientas de estimación del valor social, promoviendo su compromiso en todas las fases del proceso: desde la provisión de datos hasta la participación activa en entrevistas, foros o grupos de discusión. Este diálogo fortalece la legitimación social del proceso y su utilidad estratégica para la institución.

Asimismo, los órganos de gobierno universitario deben asumir este compromiso como parte de una política institucional sostenida en el tiempo. Incorporar la medición del valor social en el marco del plan estratégico de la universidad garantiza coherencia entre la misión institucional y sus acciones, facilitando la toma de decisiones informadas y orientadas al bien común.

En este contexto, el diálogo sistemático con los grupos de interés no solo debe mantenerse, sino institucionalizarse. La creciente complejidad del entorno y la multiplicación de actores y expectativas (EUA, 2021) exigen canales eficaces de comunicación, escucha activa y cocreación. Mesas de diálogo, foros temáticos y la publicación periódica de informes de responsabilidad social universitaria o de estimación del valor social son herramientas clave para alinear expectativas, revisar políticas institucionales y fortalecer la rendición de cuentas.

Entre las funciones con menor visibilidad en términos de valor social —como el liderazgo social y la gobernanza/gestión— existen oportunidades significativas de mejora. Es fundamental que la universidad refuerce su compromiso público con el entorno local y la sostenibilidad institucional, dotando estas acciones de recursos presupuestarios y sistemas de monitoreo que aseguren su eficacia. Solo así podrán consolidarse iniciativas que generen valor tangible para todas sus partes interesadas.

Una universidad socialmente comprometida debe plasmar su misión en estrategias concretas que integren valores como la igualdad, la inclusión, la lucha contra la discriminación, la promoción de la salud y la sostenibilidad ambiental (O'Brien *et al.*, 2022). Para ello, se necesitan no solo recursos financieros, sino también indicadores claros que evalúen los avances, asegurando transparencia y mejora continua.

En el plano de la gobernanza y la gestión, resulta indispensable desarrollar herramientas que midan dimensiones como la satisfacción, el bienestar organizacional, el sentido de pertenencia o las oportunidades de participación de la comunidad universitaria. Encuestas internas, grupos focales, entrevistas, y métricas sobre conciliación, convivencia, apoyo emocional y participación institucional pueden revelar ámbitos de alto valor social frecuentemente invisibilizados.

También en las funciones más visibles —la educación y la investigación— existe margen para innovar. A través de mecanismos como jornadas de encuentro entre sectores público-privado y académicos, proyectos colaborativos, y foros de conocimiento compartido, la universidad puede fortalecer su conexión con las necesidades sociales concretas, alineando sus actividades formativas e investigadoras con los desafíos contemporáneos y los ODS.

El valor social en su función formadora no debe reducirse a tasas de inserción laboral o primas salariales, sino que debe integrarse con una visión más amplia de calidad institucional. Formar capital humano alineado con los retos del entorno local y con estándares éticos, cívicos y ambientales exige una visión estratégica que priorice la contribución transformadora de la universidad en sus dimensiones más profundas.

En definitiva, las universidades tienen la capacidad de convertirse en agentes clave de transformación social y territorial, promoviendo el aprendizaje-servicio, la cocreación con comunidades, la innovación colaborativa y el desarrollo de ecosistemas locales sostenibles. Pero esta labor no está exenta de tensiones y contradicciones.

Por ejemplo, fenómenos como la estudiantilización de las ciudades —la conversión de zonas urbanas en enclaves universitarios— han generado efectos adversos en múltiples contextos: alza de precios de vivienda, pérdida de identidad barrial, uso intensivo del espacio público o tensiones sociales (Smith y Hubbard, 2014). Sin una adecuada coordinación entre universidades y autoridades locales en planificación urbana, estas dinámicas pueden erosionar la confianza social y dificultar la integración del campus en la vida de la ciudad.

Del mismo modo, el desajuste entre la investigación universitaria y las dinámicas productivas locales puede limitar el impacto económico de la innovación. El caso sueco muestra cómo el aumento de la intensidad de las actividades investigadoras de primer nivel no siempre se traduce en beneficios directos para el territorio, debido a la escasa articulación universidad-empresa o a la falta de alineación con las necesidades del tejido productivo (Rodríguez-Pose y Hang, 2025).

Por tanto, potenciar el valor social de la universidad requiere implementar estrategias institucionales sostenibles, inclusivas y contextualizadas, con enfoque participativo, alineadas con las misiones universitarias y orientadas a resultados tangibles para los actores implicados. Solo así la universidad podrá consolidarse como actor público central en la construcción de un futuro más justo, sostenible y solidario.

BIBLIOGRAFÍA

Asociación Catalana de Universidades Públicas (ACUP) (2020): *El valor social de les Universitats Publiques Catalanes. Una aproximació quantitativa i qualitativa*, Asociación Catalana de Universidades Públicas (ACUP).

Ayuso, S., Carbonell, X. y Serradell, L. (2022): Assessing universities' social sustainability: accounting for stakeholder value, *International journal of sustainability in higher education*, vol. 23, nº 2, pp. 443-457.

Ayuso, S., Sánchez, P. y Retolaza, J. L. (2017): *Análisis del valor social integrado de una universidad pública. Una aproximación al caso de la Universidad Pompeu Fabra*, ESCI-UPF School of International Studies, Cátedra de Responsabilidad Social Corporativa Mango.

CRUE (2019): La contribución socioeconómica del sistema universitario español, Informe SUE 2018, https://n9.cl/z6sw4i (acceso: 30 de mayo de 2025).

European University Association (2021): *Universities without walls. A vision for 2030.*

Fundación CYD (2024): Universidades socialmente comprometidas ¿Cuál es su papel ante los retos sociales?, https://n9.cl/yv8mi.

Garrido Yserte, R. *et al.* (2021): *El valor social de la Universidad de Alcalá*.

Hill, K. y Hoffman, D. (2009): *The contribution of universities to regional economies*, WP Carey School of Business, Arizona State University.

Kelly, U. y McNicoll, I. (2011): *Through a Glass, Darkly: Measuring the social value of universities*, NCCPE/Viewforth Consulting Report.

Morgan, R. (2015): *How can the social value of social purpose organisations be measured?*, LCSV Working Paper Series, vol. 13.

O'Brien, E. *et al.* (2022), "Towards a European framework for community engagement in higher education - a case study analysis of European universities", *International Journal of Sustainability in Higher Education*, vol. 23, nº 4, pp. 815-830. DOI: https://n9.cl/kiqz5.

Ministerio de Ciencia, Innovación y Universidades (2023): *Estudio de impacto económico de las universidades públicas españolas. Análisis territorializado para el año 2021. Grupo de Investigación*, "Análisis cuantitativo Regional" de la Universidad de Barcelona.

Retolaza Ávalos, J.; San José, L. y Freeman, R. (2021): How do organisations generate and distribute value? Stakeholder value as the aim of the new business narrative and stakeholder accounting as information tool, *Boletín de Estudios Económicos*, vol. 76, nº 232, pp. 37-50.

Retolaza, J. L.; San Jose, L. y Ruiz-Roqueñi, M. (2015): Monetarizing the social value: theory and evidence, *CIRIEC-España, Revista de Economía Pública, Social y Cooperativa*, vol. 83, pp. 43-62.

Rodríguez-Pose, A. y Wang, H. (2025): The local economic impact of the Swedish higher education system, *Regional Studies*, vol. 59, nº 1, 2462712, https://n9.cl/khffu

Romera, R. (dir.y coord.) (2021): *Estudio sobre el impacto económico y social de las Universidades Públicas y Privadas madrileñas en la región. Análisis en el corto y en el largo plazo*, INAECU, Universidad Carlos III.

SDSN Australia/Pacific (2017): *Getting started with the SDGs in Universities*.

Smith, D.P y Hubbard, P. (2014): The segregation of educated youth and dynamic geographies of studentification, *Area*, vol. 46, nº1, pp. 92-100, https://n9.cl/xl202.

CAPÍTULO 11

LA UNIVERSIDAD COMO ARQUITECTA DE LA EQUIDAD DIGITAL: RETOS, BRECHAS Y RESPONSABILIDADES

ÓSCAR MONTES-PINEDA Y MARÍA CRISTINA PINEDA DE CARÍAS

1. INTRODUCCIÓN

La creciente velocidad de la revolución digital que atravesamos plantea un reto tecnológico sin precedentes al redefinir nuestra forma de trabajar, aprender e interactuar. En este contexto, la Universidad se enfrenta al reto de redefinir su papel tradicional para responder a las demandas de un entorno digital cada vez más complejo. La conectividad ubicua, la inteligencia artificial (IA), el acceso masivo a la información y la economía del conocimiento han creado nuevas oportunidades, pero también, han ampliado desigualdades preexistentes —las llamadas brechas digitales— en el acceso y uso de la tecnología. Ante esta realidad, surge la pregunta: ¿Cómo podría contribuir la Universidad a reducir estas brechas y promover una verdadera equidad digital?

Adoptando un tono constructivo y riguroso, este artículo explora esta cuestión de forma reflexiva. Partimos de un marco teórico que concibe la Universidad más allá de sus funciones clásicas: docencia, investigación y divulgación. Siguiendo a Pyenson y Sheets-Pyenson (1999) —quienes examinaron la evolución de las instituciones científicas en *Servants of Nature*— proponemos repensar la Universidad más allá de su misión académica tradicional, como una institución con sensibilidad científica, capacidad empresarial y responsabilidad cívica. Es decir, una universidad atenta a las necesidades sociales (sensibilidad científica), innovadora y proactiva en la aplicación del conocimiento (emprendedora) y éticamente comprometida con el bien común (responsabilidad cívica). Este marco conceptual servirá de base para analizar cómo las universidades pueden convertirse en agentes activos o arquitectos en la promoción de la equidad en el mundo digital actual y futuro.

En la siguientes secciones, desarrollamos la idea de la Universidad como arquitecta de la equidad digital, lo que implica el despliegue de tres funciones principales en el ecosistema digital: en primer lugar, legitimar el conocimiento digital (estructurándolo, curándolo y dándole un significado ético); en segundo lugar, democratizarlo (haciéndolo accesible a través de plataformas abiertas, prácticas docentes inclusivas, difusión del conocimiento y colaboración en centros de innovación); y en tercer lugar, descolonizarlo (identificando y corrigiendo sesgos, respondiendo a diversos contextos locales y fomentando la justicia epistémica en la producción de conocimiento). Para contextualizar estas funciones, examinaremos las diferentes brechas digitales —de acceso, uso, y resultados (Van Dijk, 2017, 2020), pero también otras más recientes de índole cultural y epistemología (Damus, 2021; Fiormonte, 2023)— que la Universidad puede (y debería) ayudar a superar.

Conscientes de la magnitud global de este reto, conectaremos este análisis (reflexión) con el marco internacional emergente, en particular, las iniciativas recientes de las Naciones Unidas como el Pacto para el Futuro, el Pacto Digital Mundial y la Declaración sobre las Generaciones Futuras (Naciones Unidas, 2024). Estas iniciativas globales subrayan la importancia de una gobernanza inclusiva de la tecnología y el conocimiento, en la que las universidades tienen un papel fundamental que desempeñar tanto a nivel territorial (en sus comunidades locales) como a nivel global (como partícipes en la gobernanza del conocimiento y la IA). Concluiremos el capítulo integrando las diferentes reflexiones, respondiendo a la pregunta que ha guiado este capítulo-reflexión.

2. MÁS ALLÁ DE LA MISIÓN TRADICIONAL DE LAS UNIVERSIDADES

Históricamente, a las universidades se les han atribuido tres misiones fundamentales: docencia (formación de profesionales), investigación (generación de conocimiento) y extensión (difusión cultural y servicio a la comunidad). Sin embargo, varios autores han defendido que en el siglo XXI estas funciones deben ampliarse y articularse con un compromiso más profundo con la sociedad (CRUE, 2023; Naciones Unidas, 2024). En su obra *Servants of Nature*, los historiadores de la ciencia Lewis Pyenson y Susan Sheets-Pyenson (1999) analizaron cómo han evolucionado las instituciones científicas para incorporar nuevas sensibilidades y funciones sociales. Proponen concebir las instituciones científicas —incluidas las universidades— dotadas de sensibilidad científica, capacidad empresarial y responsabilidad cívica.

¿Qué significan estos tres atributos en el contexto universitario actual? En primer lugar, la sensibilidad científica significa que la Universidad debe permanecer atenta a los problemas y necesidades de la sociedad, aplicando el rigor científico no solo hacia dentro (en sus laboratorios y aulas), sino también en la comprensión y resolución de los retos sociales. Implica cultivar una mirada crítica y empática y estar dispuesta a orientar la ciencia hacia el bien público. Por ejemplo, una universidad con sensibilidad científica promueve la investigación en salud pública, medio ambiente o inclusión digital, alineando sus prioridades con los grandes retos de la humanidad[6] (pobreza, cambio climático, desigualdad tecnológica, entre otros).

En segundo lugar, el espíritu empresarial se refiere al espíritu innovador y proactivo de la institución. Tradicionalmente, se ha considerado a las empresas privadas como responsables de la innovación y al mundo académico como generador de conocimientos básicos,

6. Esta idea esta recogida por la UNESCO (2022), sugiriendo que las universidades y las instituciones de educación superior (IES), necesitan utilizar el conocimiento que producen y la formación de nuevos profesionales, para ayudar a resolver algunos de los mayores problemas del mundo, como se aborda en los Objetivos de Desarrollo Sostenible (ODS) establecidos por la Organización de las Naciones Unidas (ONU).

pero hoy en día esta separación se está difuminando. Una universidad emprendedora busca trasladar el conocimiento al ámbito práctico, fomentando la transferencia de tecnología, el desarrollo de patentes socialmente beneficiosas, la creación de *startups* y, en general, la resolución creativa de problemas. El objetivo no es mercantilizar la enseñanza superior, sino impulsar el ingenio dentro de la academia para que sus resultados tengan un impacto real. Esta visión enlaza con el concepto de tercera misión de la Universidad (Knudsen *et al.*, 2019; Etzkowitz *et al.*, 2000), que hace hincapié en la contribución al desarrollo socioeconómico, pero además inculca una mentalidad emprendedora en estudiantes e investigadores.

Por último, la responsabilidad cívica implica que la Universidad asuma un papel de liderazgo ético y cívico. Como institución privilegiada de producción de conocimiento, debe poner responsablemente ese conocimiento al servicio de la sociedad, desde la formación de ciudadanos profesionales con valores éticos hasta la participación activa en debates públicos (por ejemplo, la regulación de la inteligencia artificial, la privacidad de los datos y la educación inclusiva) y la colaboración con autoridades y organizaciones en proyectos de desarrollo (UNESCO, 2022). En definitiva, la Universidad debe verse a sí misma como un ciudadano corporativo más con deberes hacia el resto de la sociedad.

Articular estos tres atributos (científica, empresarial, cívica) permite a la Universidad trascender la dicotomía entre la torre de marfil académica y las urgencias del mundo real (Shapin, 2012; Etzkowitz *et al.*, 2000; Knudsen *et al.*, 2019). Desde esta perspectiva —reformulando a CRUE, 2023— la Universidad está llamada a ser un agente de cambio social en el entorno tecnológico actual.

3. DESAFIANDO LAS AMENAZAS DIGITALES: LA UNIVERSIDAD COMO ARQUITECTO DE LA EQUIDAD DIGITAL

Concebida de esta forma ampliada, la Universidad puede actuar como arquitecta de la equidad digital. Esta metáfora sugiere que las instituciones de educación superior disponen de las herramientas para diseñar y construir un entorno digital más equitativo a través de la legitimación, democratización y descolonización del conocimiento digital. Cada una de estas funciones-actuaciones aborda diferentes dimensiones ante el reto digital —brechas— aunque todas ellas pueden entenderse complementarias.

LEGITIMAR EL CONOCIMIENTO DIGITAL: ORGANIZACIÓN, CURACIÓN Y ÉTICA DE LA INFORMACIÓN

En la era de la información, distinguir el conocimiento válido del ruido es uno de los mayores retos. La sobreabundancia de datos (Cornella, 2004) y la proliferación de noticias falsas o desinformación dificultan al gran público la identificación de fuentes fiables. La Universidad, con su tradición de rigor académico, puede actuar como legitimadora del conocimiento digital, aportando estructura y credibilidad.

Una forma de hacerlo es a través de la curación de contenidos digitales (Good, 2017). Se trata de que académicos y bibliotecarios universitarios seleccionen, organicen y difundan repositorios de información de calidad, desde bases de datos científicas de libre acceso a portales educativos en línea. Muchas universidades ya mantienen bibliotecas digitales, pero podrían ampliar su papel asumiendo la curación activa del conocimiento para el público: por ejemplo, creando portales web donde se expliquen en lenguaje accesible los resultados de investigaciones recientes sobre temas de interés social (salud, medio ambiente, tecnología), o participando en proyectos colaborativos tipo Wikipedia y aportando sus conocimientos. Los expertos que validan los artículos de Wikipedia son una forma de que la Universidad legitime el conocimiento en una plataforma masiva.

Otra forma es integrar el pensamiento crítico y la alfabetización digital en todos los niveles de la enseñanza superior. Al formar a profesionales capaces de evaluar la calidad de la información y comprender los principios de la ciencia de datos, la Universidad no solo legitima el conocimiento en el campus, sino que también gradúa a ciudadanos preparados para discernir los contenidos en el mundo digital. Legitimar el conocimiento también requiere dotarlo de significado ético: enmarcar la tecnología y la información en relación con los valores. Por ejemplo, las universidades pueden establecer códigos éticos para el uso de la IA en la investigación, enseñar la privacidad de los datos en los cursos de informática o debatir las implicaciones sociales de los algoritmos en clases de distintas disciplinas. De este modo, contribuyen a crear una cultura digital informada y ética.

Un ejemplo concreto de legitimación del conocimiento digital es la lucha contra la desinformación científica. Durante la pandemia de COVID-19, varias universidades lideraron iniciativas de comunicación pública, explicando las pruebas sobre las vacunas o desmontando mitos en las redes sociales. Esta labor de divulgación científica es crucial para orientar a la sociedad. En el ámbito tecnológico, las universidades pueden desempeñar un papel similar explicando, por ejemplo, el alcance real de la inteligencia artificial (evitando la gran expectación infundada y el miedo exagerado) o asesorando a los legisladores con conocimientos expertos sobre la regulación de las plataformas digitales. Todas estas acciones legitiman el conocimiento digital anclándolo en la evidencia y el análisis crítico del método científico.

Al estructurar y conservar la información digital e inculcar marcos éticos, la Universidad presta un servicio inestimable: da legitimidad y sentido al conocimiento en la era digital. Esto sienta las bases para que dicho conocimiento se democratice ampliamente sin pérdida de calidad o integridad.

DEMOCRATIZAR EL CONOCIMIENTO DIGITAL: APERTURA, DIFUSIÓN Y ACCESO UNIVERSAL

Democratizar el conocimiento significa hacerlo accesible y valioso para todos, eliminando las barreras económicas, geográficas, de género o de cualquier otro tipo que impiden a determinados grupos beneficiarse de la revolución digital. Las universidades, que tradicionalmente han actuado como depositarias del conocimiento, tienen la responsabilidad de abrir sus puertas y compartir sus recursos más ampliamente que nunca, especialmente aprovechando las herramientas digitales.

Una estrategia clave es la promoción de la ciencia abierta y los recursos educativos abiertos. En 2021, la UNESCO adoptó una Recomendación sobre Ciencia Abierta en la que instaba a las instituciones a proporcionar acceso libre a publicaciones, datos y materiales educativos. Muchas universidades han adoptado políticas de acceso abierto para su investigación y han creado repositorios institucionales. Con ello, las universidades democratizan el conocimiento al permitir que cualquier persona con conexión a internet pueda leer artículos científicos (antes sujetos a costosas suscripciones) o utilizar materiales educativos sin pagar derechos de licencia. Un ejemplo emblemático es el del Instituto Tecnológico de Massachusetts (MIT), que, desde 2001, pone gratuitamente en línea sus apuntes y cursos (MIT OpenCourseWare), inspirando a otras universidades a seguir el modelo. La idea es que las plataformas de educación abierta (cursos masivos en línea, MOOC, bibliotecas digitales) amplíen el alcance del conocimiento universitario más allá de la matrícula tradicional.

La democratización también implica patentes y transferencia de tecnología. Las universidades suelen patentar las invenciones derivadas de su investigación (por ejemplo, nuevos medicamentos, programas informáticos o dispositivos) y luego las licencian a las empresas. Aquí podrían innovarse enfoques más abiertos, como licencias no exclusivas o patentes abiertas cuando se trate de tecnologías críticas para el desarrollo (ej. Stanford Open Patents y el Stanford HAI). Hoy en día, las universidades pueden compartir innovaciones específicas con los países en desarrollo a bajo coste en ámbitos como la salud o la energía sostenible como parte de su responsabilidad social global.

En la enseñanza, democratizar el conocimiento significa diversificar los públicos a los que llega la educación universitaria. La educación continua en línea, los programas para adultos mayores y la formación en habilidades digitales para las comunidades locales son formas de ampliar el alcance educativo. Por ejemplo, la

Universidad Nacional Autónoma de México (UNAM) ha ofrecido diplomados gratuitos en línea sobre habilidades digitales para la población. Este tipo de iniciativas reducen la brecha de uso al capacitar a quienes han quedado fuera de la formación formal en el uso de las tecnologías.

Las universidades también pueden actuar como centros de innovación abierta en sus territorios. Un polo tecnológico universitario puede reunir a estudiantes, emprendedores, administraciones locales y sociedad civil para cocrear soluciones digitales a los problemas de la comunidad (aplicaciones cívicas, mejoras de los servicios públicos a través de la tecnología, etc.). A través de *hackathons*, Fab Labs y espacios de *coworking*, las universidades democratizan el proceso de innovación: invitan a personas de diversos orígenes a colaborar, aportando cada una sus conocimientos. Esto tiene un efecto multiplicador, ya que difunde la cultura emprendedora y las competencias tecnológicas en el tejido social local.

DESCOLONIZACIÓN DEL CONOCIMIENTO DIGITAL: DIVERSIDAD, JUSTICIA EPISTÉMICA Y RELEVANCIA LOCAL

La descolonización del conocimiento digital empieza por reconocer que el entorno digital global está dominado principalmente por visiones, lenguajes y sesgos occidentales (o del norte global), que pueden marginar o distorsionar las perspectivas de otras culturas y comunidades. En otras palabras, existe el riesgo de colonialismo digital, en el que unas pocas corporaciones y países imponen las reglas, el lenguaje e incluso la lógica del conocimiento en Internet y en la IA. Como espacio plural de pensamiento, la Universidad debe contrarrestar estas tendencias promoviendo la diversidad tecnológica y epistémica.

Descolonizar significa, en primer lugar, identificar y corregir los sesgos en la producción de conocimiento digital. La mayor parte de los contenidos web están en unos pocos idiomas: en 2025, casi el 50% de los sitios web del mundo están en inglés, mientras que idiomas como el español apenas representan el 6% (UIT, 2024; W3Techs, 2025). Esto significa que un hispanohablante (o hindi, árabe, swahili, entre otros) no dispone de la misma cantidad de información en línea en su idioma que un anglófono. Las universidades pueden ayudar a salvar la brecha cultural y lingüística produciendo más contenidos multilingües, fomentando la traducción de materiales educativos o desarrollando tecnologías lingüísticas (por ejemplo, sistemas de traducción automática o asistentes de voz) adaptadas a las lenguas infrarrepresentadas. Un ejemplo es el trabajo de las universidades de América Latina para crear corpus y herramientas de procesamiento del lenguaje natural en quechua, guaraní y otras lenguas indígenas, integrando estas lenguas en el mundo digital (Damus, 2021).

La descolonización también implica revalorizar diferentes conocimientos locales y tradicionales dentro del mundo académico. Obrillant Damus (2021) sostiene que la educación del futuro debe basarse en una ecología de conocimientos que vincule los conocimientos del sur y del norte globales. Esto puede significar que las universidades incorporen a sus planes de estudios contenidos pertinentes a nivel local, en lugar de limitarse a reproducir planes de estudios extranjeros. Ejemplos de esto último pueden ser los cursos de agronomía en los países africanos, que incluyen conocimientos agrarios indígenas adaptados a los climas locales, o los programas de sociología en América Latina, que debaten las teorías decoloniales latinoamericanas junto a las europeas. Se trata de lograr una justicia epistémica, en la que las diferentes formas de conocer (científica occidental, indígena, comunitaria) dialoguen respetuosamente y se reconozcan en dignidad.

En tecnología, las universidades pueden liderar la tecnodiversidad, que Domenico Fiormonte (2023) define como la diversidad en las formas existentes de tecnología y conocimiento digital, por ejemplo, apoyando los desarrollos locales de *software* de código abierto como alternativas a las grandes plataformas comerciales o adaptando los algoritmos de IA para que no discriminen a las minorías. Un principio clave aquí es la soberanía tecnológica: las comunidades y los países pueden adaptar la tecnología a sus necesidades y valores en lugar de verse obligados a adoptar soluciones foráneas. Las universidades, a través de sus departamentos de ingeniería y ciencias sociales, pueden asesorar a los gobiernos locales sobre la compra o el desarrollo de tecnología adecuada, la auditoría de los sistemas algorítmicos para detectar sesgos culturales y la formación de profesionales comprometidos con la inclusión.

Cabe destacar la cuestión del sesgo en la inteligencia artificial, un campo en el que la voz del mundo académico ha sido crucial. La investigación universitaria ha demostrado que los algoritmos de reconocimiento facial tenían mayores tasas de error en personas de piel oscura o que los conjuntos de datos de entrenamiento de IA reflejaban estereotipos raciales y de género. Exponer y corregir estos sesgos evita perpetuar formas sutiles de discriminación a través de tecnologías aparentemente neutras. Se trata de una forma contemporánea de descolonizar el conocimiento, garantizando que las nuevas herramientas digitales no excluyan o perjudiquen a poblaciones históricamente marginadas, sino que se diseñen con equidad desde el principio.

4. UNA ARQUITECTURA PARA LA EQUIDAD DIGITAL: BRECHAS, FUNCIONES UNIVERSITARIAS Y COMPROMISO GLOCAL

Para que los esfuerzos universitarios de legitimación, democratización y descolonización tengan un impacto real en la sociedad digital contemporánea, deben orientarse explícitamente a las distintas dimensiones de la brecha digital. Esta no es un fenómeno homogéneo. Como han señalado Van Dijk (2017, 2020) y, más recientemente, la UIT (2024), la brecha digital abarca múltiples niveles: desde el acceso a la infraestructura tecnológica, hasta el uso significativo de las TIC y los beneficios derivados de su aprovechamiento. A estas dimensiones más visibles se suman otras menos tangibles, pero igualmente críticas: las brechas culturales y epistemológicas, que afectan a la representación, la diversidad lingüística y el reconocimiento de saberes diversos en el entorno digital (Damus, 2021; Fiormonte, 2023; UNESCO, 2021).

La tabla 1 sintetiza estos cinco tipos de brechas digitales —acceso, uso, resultados, pero también, cultural y epistemológica— junto con ejemplos de cómo la Universidad puede contribuir a superarlas a través de funciones estratégicas renovadas. Las tres primeras responden a una secuencia lógica que va de lo material a lo intangible y funcional: primero, garantizar la conectividad, luego desarrollar competencias digitales y, finalmente, traducirlas en oportunidades educativas, laborales o cívicas. Las dos últimas dimensiones, en cambio, introducen una capa más profunda: cuestionan quién tiene voz, qué conocimientos se legitiman y qué modelos del mundo se reproducen —o excluyen— en los entornos digitales globales.

Estas brechas no actúan de forma aislada: se interrelacionan y refuerzan mutuamente. La brecha de género, por ejemplo, atraviesa todos los niveles: menos mujeres conectadas (acceso), menor participación femenina en disciplinas STEM (uso), escasa presencia en sectores digitales estratégicos (resultados), invisibilización de sus experiencias (brecha cultural) y exclusión de sus aportaciones en la producción de conocimiento (brecha epistemológica). Reconocer esta interseccionalidad permite diseñar estrategias universitarias más eficaces, integradoras y transformadoras.

En este contexto, las funciones ampliadas de la Universidad se configuran como estrategias institucionales activas para enfrentar de forma directa y articulada las brechas digitales del siglo XXI:

- Legitimar implica producir y validar infraestructuras, competencias y resultados digitales como bienes públicos esenciales. Supone que la Universidad actúe como garante de un ecosistema digital confiable, ético y riguroso, mediante marcos de alfabetización digital, certificaciones abiertas, indicadores de resultados justos y participación crítica en debates sobre gobernanza tecnológica, privacidad, sesgos algorítmicos o exclusión digital.
- Democratizar exige superar la visión puramente técnica del acceso, abriendo oportunidades significativas de aprendizaje, creación e innovación. Esto incluye implementar plataformas inclusivas, credenciales modulares, tutorías

intergeneracionales y programas de extensión digital en comunidades vulnerables. Democratizar el conocimiento también implica redistribuir el poder digital, haciendo que el talento y las ideas de todos los territorios puedan contribuir al desarrollo de soluciones tecnológicas globales.

- Descolonizar conlleva un giro epistemológico profundo: no basta con reconocer saberes marginados, sino que es necesario tejer con ellos nuevas formas de producir, legitimar y circular el conocimiento. La Universidad debe abrir espacios de cocreación con comunidades históricamente excluidas, integrar lenguas y cosmovisiones diversas en sus contenidos digitales, e impulsar metodologías pluriversales. Así, se posiciona como mediadora epistémica entre culturas, tecnologías y generaciones.

Ahora bien, para que estas funciones sean sostenibles y coherentes con la misión universitaria, deben estar ancladas en una base organizativa sólida. En este sentido, resultan claves los atributos institucionales propuestos por Pyenson y Sheets-Pyenson (1999): la sensibilidad científica, para detectar nuevas dinámicas de exclusión digital y comprender críticamente sus causas; la capacidad empresarial, para desarrollar soluciones tecnológicas socialmente útiles y sostenibles; y la responsabilidad cívica, para vincular la transformación digital con el bienestar colectivo, la justicia social y el pluralismo cultural.

La combinación de estos atributos con las funciones transformadoras descritas configura una auténtica arquitectura universitaria para la equidad digital, capaz de abordar las brechas desde una perspectiva integral, estructural y contextual.

Toda estrategia se construye hacia futuro. Una Universidad orientada al futuro exige, además, repensar la misión institucional como un compromiso glocal. A la luz de los debates internacionales más recientes (ONU, 2024), las universidades se encuentran en una posición privilegiada para integrar las funciones de legitimación, democratización y descolonización en clave de futuro, dando respuesta al Pacto para el Futuro y al Pacto Digital Global, que reclaman una transición digital inclusiva, sostenible e intergeneracional.

TABLA 1
UNA ARQUITECTURA PARA LA EQUIDAD DIGITAL EN EL SIGLO XXI: EL ROL DE LA UNIVERSIDAD

TIPO DE BRECHA DIGITAL	DESCRIPCIÓN BREVE	PAPEL DE LA UNIVERSIDAD: LEGITIMAR	PAPEL DE LA UNIVERSIDAD: DEMOCRATIZAR	PAPEL DE LA UNIVERSIDAD: DESCOLONIZAR
Acceso (infraestructura, dispositivos, conectividad)	Diferencias en la disponibilidad de infraestructura tecnológica (conectividad a Internet, dispositivos, electricidad). Es la brecha original: quién puede conectarse y quién no. Incluye calidad de conexión (ancho de banda, estabilidad) y disponibilidad de equipos modernos	Validar políticas sobre necesidades de infraestructuras equitativas e integrarlas en marcos de alfabetización digital	Ampliar las plataformas de acceso abierto, las zonas wifi públicas y las soluciones de aprendizaje híbrido adaptadas a contextos de bajos ingresos	Apoyar soluciones impulsadas por la comunidad (por ejemplo, redes malladas, laboratorios de dispositivos locales) que reconozcan la diversidad geográfica y socioeconómica
Uso (competencias digitales, alfabetización)	Desigualdad en las capacidades y habilidades digitales para utilizar la tecnología de forma significativa. Aun con acceso, muchos no aprovechan plenamente las TIC por falta de alfabetización digital, competencias técnicas o apoyo. Esta segunda brecha refleja una desigualdad de competencias y de motivación de uso	Definir competencias básicas; legitimar vías de aprendizaje informales y no formales	Ofrecer formación inclusiva, credenciales modulares y talleres comunitarios	Incorporar las prácticas digitales locales y las alfabetizaciones digitales indígenas en el diseño curricular
Resultados (beneficios del uso de la tecnología)	Brechas en los beneficios u oportunidades obtenidos del uso de la tecnología. Algunos grupos logran traducir el mundo digital en mejor educación, empleos e innovación, mientras otros —aunque estén conectados— no ven mejoras en su bienestar. Esta tercera brecha se evidencia en diferencias de rendimiento académico, ingresos o acceso a servicios gracias a lo digital	Promover indicadores de resultados digitales justos (empleo, participación cívica) como métricas en las evaluaciones universitarias	Garantizar el acceso equitativo a prácticas, tutorías y carreras digitales	Investigar la justicia digital; apoyar proyectos que rastreen y cuestionen las desigualdades en los resultados

TABLA 1
UNA ARQUITECTURA PARA LA EQUIDAD DIGITAL EN EL SIGLO XXI: EL ROL DE LA UNIVERSIDAD (CONT.)

TIPO DE BRECHA DIGITAL	DESCRIPCIÓN BREVE	PAPEL DE LA UNIVERSIDAD: LEGITIMAR	PAPEL DE LA UNIVERSIDAD: DEMOCRATIZAR	PAPEL DE LA UNIVERSIDAD: DESCOLONIZAR
Culturales (lengua, valores, representación)	Distancia en la integración de la tecnología dentro de distintas culturas y contextos sociales. Incluye la falta de contenidos relevantes en idiomas locales, la exclusión de identidades culturales en el espacio digital y diferencias generacionales en la adopción tecnológica. Una cultura digital homogénea puede excluir saberes tradicionales o minoritarios, creando sensación de alienación en comunidades menos representadas	Legitimar los contenidos multilingües e interculturales en la educación formal	Producir y difundir recursos culturalmente pertinentes (por ejemplo, MOOC en lenguas regionales)	Recuperar narrativas subrepresentadas; cocrear contenidos con comunidades marginadas
Epistemológicos (qué conocimientos cuentan)	Brecha en la creación y control del conocimiento digital. Separa a quienes generan conocimiento experto mediante la tecnología (investigación, desarrollo de IA, ciencia de datos) y quienes apenas consumen información sin participar en su producción. También apunta al sesgo occidental en la información en línea – ciertas visiones del mundo dominan Internet mientras conocimientos locales o alternativos quedan marginados	Promover la diversidad epistémica mediante el reconocimiento de sistemas de conocimiento alternativos	Abrir la publicación y la producción de conocimiento a los académicos y actores cívicos del Sur global	Desmontar las jerarquías del conocimiento; invertir en agendas de investigación pluriversales y arraigadas en la comunidad

Fuente: Elaboración propia.

La Universidad glocal —arraigada en su territorio, pero interconectada con redes internacionales— está llamada a ejercer una diplomacia del conocimiento al servicio del bien común. En el plano local, debe colaborar con comunidades, escuelas, administraciones y actores sociales para cocrear soluciones tecnológicas adaptadas a realidades concretas. A escala global, puede contribuir activamente a la gobernanza digital mediante investigación aplicada, asesoría experta y participación en redes y organismos como la UNESCO, la OCDE o el futuro Panel Científico Internacional sobre Inteligencia Artificial.

Asumir el papel de arquitecta de la equidad digital implica reconocer que la transformación tecnológica no es neutra, y que su dirección dependerá del coraje institucional para guiarla hacia el respeto a los derechos, la justicia epistémica y el bienestar colectivo —tanto de las generaciones actuales como de las futuras.

5. CONCLUSIONES

El mundo digital encierra tanto promesas transformadoras como riesgos de nuevas exclusiones. En este contexto, las universidades —a través de su misión educativa, su capacidad investigadora y su compromiso social— tienen una responsabilidad ineludible en la construcción de un futuro tecnológico más equitativo. A lo largo de este artículo hemos defendido que la Universidad del siglo XXI debe considerarse algo más que un centro académico: debe ser una institución con sensibilidad científica, espíritu emprendedor y sentido de la responsabilidad cívica, comprometida con el servicio a la sociedad en los retos que plantea la era digital.

Bajo esta premisa, esbozamos el papel de la Universidad como arquitecto de la equidad digital, capaz de legitimar, democratizar y descolonizar el conocimiento en el entorno tecnológico actual. Esto significa filtrar y dar sentido al torrente de información (comisariando contenidos de calidad y proporcionando marcos éticos); abrir las puertas del conocimiento a todos (a través de la ciencia abierta, la educación extendida y los centros de colaboración); y garantizar que ese conocimiento represente la diversidad del mundo (corrigiendo sesgos, incorporando múltiples voces y perspectivas locales). Ninguna de estas tareas es fácil, pero las universidades cuentan con valiosos recursos para acometerlas: capital humano especializado, legitimidad social, vocación educativa y presencia tanto local como global.

También identificamos las principales brechas digitales que persisten —acceso, uso, resultados, cultural y epistemológica—, enfatizando que la equidad digital va más allá de conectar cables: abarca la calidad del uso, los beneficios obtenidos y la inclusión de identidades y saberes diversos en la esfera digital. Cada brecha requiere políticas específicas, y las universidades pueden contribuir con soluciones específicas (formación digital, contenidos locales, investigación de impacto) y una visión holística para informar a los responsables políticos.

A nivel internacional, iniciativas como el Pacto Mundial Digital de las Naciones Unidas y la Declaración sobre las Generaciones Futuras marcan una clara dirección hacia un futuro digital abierto, seguro y centrado en el ser humano. La alineación de las universidades con estos marcos no solo es deseable, sino necesaria. De hecho, sin la aportación académica, conceptos como gobernanza de la IA o datos abiertos se quedarían en buenas intenciones. Es la comunidad científica la que aporta pruebas, advierte de los riesgos y desarrolla las innovaciones que hacen realidad estos principios. Por ello, las universidades y las organizaciones internacionales deben estrechar sus lazos de cooperación: compartir datos, financiar proyectos conjuntos, intercambiar conocimientos sobre cómo colmar lagunas en diferentes contextos.

Para terminar, imaginemos por un momento una universidad ideal dentro de 10 o 20 años, plenamente comprometida con la equidad digital. Probablemente sería una institución en la que todos los trabajos de fin de carrera de los estudiantes se publicaran en abierto, enriqueciendo el acervo mundial de conocimientos. Donde equipos interdisciplinares vigilen la inclusión digital en la comunidad —si un barrio está atrasado en conectividad, si hay grupos de la sociedad que no acceden a determinados programas— y diseñen intervenciones para solucionarlo. Una universidad que trabaja mano a mano con los gobiernos locales instalando laboratorios en las escuelas públicas, y con redes internacionales creando plataformas de aprendizaje multilingües. Una universidad que cuando desarrolla un algoritmo, lo hace pensando en la diversidad de los usuarios, y cuando investiga en una comunidad, lo hace con la comunidad. En definitiva, una universidad que no se ve a sí misma como una torre de marfil, sino como un agente de cambio y un guardián del futuro.

Alcanzar esta visión exigirá liderazgo, recursos y persistencia. Habrá obstáculos —financieros, políticos, culturales—, pero la alternativa de la inacción sería ver cómo se amplían las brechas, con las consiguientes tensiones sociales y pérdida de potencial humano. Por lo tanto, es imperativo que las universidades, junto con los gobiernos, el sector privado y la sociedad civil, redoblen sus esfuerzos para reducir la brecha digital. Al hacerlo, estarán haciendo honor a su misión más noble: servir a la sociedad como faros del conocimiento en medio de la vertiginosa transición tecnológica, garantizando que este conocimiento ilumine todos los rincones, presentes y futuros, del mundo que compartimos.

BIBLIOGRAFÍA

Cornella, A. (2010): *Infoxicación: buscando un orden en la información*, Libros Infonomía, https://n9.cl/vhxg2r.

Crue Universidades Españolas (2023): *Manifiesto "Ciudadanía digital: Derechos y oportunidades"* (Comité de Impulso Día de Internet 2023), crue.org.

Damus, O. (2021): Hacia una alianza epistemológica para descolonizar los conocimientos del Sur y del Norte, LAB de Ideas de Los Futuros de la Educación de la UNESCO, https://n9.cl/pnux9.

Etzkowitz, H. *et al.* (2000): The future of the university and the university of the future: evolution of ivory tower to entrepreneurial paradigm, *Research Policy*, vol. 29, nº 2, pp. 313-330, ttps://n9.cl/6c5je.

Fiormonte, D. (2023): *Technodiversity as the key to digital decolonization*, The UNESCO Courier, https://n9.cl/tqqcg.

Good, R. (2017): *La curación de contenidos en la era digital. Curación para el patrimonio digital, anuario ac/e de cultura digital 2017*, https://n9.cl/il3ag.

Knudsen, M. P., Frederiksen, M. H. y Goduscheit, R. C. (2019): New forms of engagement in third mission activities: a multi-level university-centric approach, *Innovation*, vol. 23, nº 2, pp. 209-240, https://n9.cl/wzsfq

Pyenson, L., y Sheets-Pyenson, S. (1999): *Servants of Nature: A History of Scientific Institutions, Enterprises and Sensibilities*, HarperCollins, https://n9.cl/7ufk5.

Shapin, S. (2012): The Ivory Tower: the history of a figure of speech and its cultural uses, *The British Journal for the History of Science*, vol. 45, nº 1, pp. 1-27, https://n9.cl/mp92y.

UNESCO (2021): Recomendación de la UNESCO sobre la Ciencia Abierta, https://n9.cl/2a5ra.

— (2022): Knowledge-driven actions: transforming higher education for global sustainability, https://n9.cl/j5fol.

Unión Internacional de Telecomunicaciones (2024): *Measuring digital development: Facts and figures*, https://n9.cl/932bm.

Van Dijk, J. (2017): Digital Divide: Impact of Access, en P. Rössler, C. A. Hoffner, & L. v. Zoonen, *The International Encyclopedia of Media Effects* (2017 ed.), John Wiley & Sons, https://n9.cl/b7n9c.

— (2020): Closing-the-Digital-Divide: The Role of Digital Technologies on Social Development, Well-Being of All and the Approach of the Covid-19 Pandemic, Department of Economic and Social Affairs (DESA) of the United Nations Secretariat, consultado el 4 de mayo https://n9.cl/whvho8.

W3Techs (2025): Historical yearly trends in the usage statistics of content languages for websites, consultado el 4 de mayo de 2025, https://n9.cl/4us2f.

CAPÍTULO 12

LAS UNIVERSIDADES Y EL TERRITORIO. UN DESAFÍO DE DESARROLLO SOSTENIBLE

YIEM ATAUCUSI

1. INTRODUCCIÓN

En el actual reordenamiento del sistema internacional, caracterizado por la multipolaridad (Peters, 2023), el avance de tecnologías disruptivas y la tensión creciente entre lo local y lo global, las universidades se configuran como actores estratégicos, no solo en la producción de conocimiento, sino en la proyección de poder blando y en la construcción de soberanía cognitiva. Esta realidad impone la necesidad de repensar la relación entre las instituciones de educación superior (IES) y el territorio, no como una simple condición geográfica, sino como una articulación estructural con los procesos de desarrollo sostenible, cohesión social e innovación transformadora.

En este contexto global competitivo, las universidades han dejado de ser exclusivamente espacios de formación académica para convertirse en infraestructuras clave de influencia geopolítica. A través de la atracción de talento, la producción de conocimiento estratégico y la conformación de redes transnacionales, se consolidan como plataformas de diplomacia académica e inteligencia internacional (Altbach, 2016; Knight, 2015).

Esta transformación es respaldada por datos contundentes: entre 2002 y 2022, el número de estudiantes matriculados en instituciones de educación superior creció de 117 a 254 millones, un incremento del 117% (UNESCO, 2024). A su vez, la movilidad internacional de estudiantes ascendió de 4 millones en 2011 a 6,4 millones en 2021 (UNESCO Institute for Statistics, 2024), de los cuales el 60% se concentró en Europa y América del Norte, principalmente en países de altos ingresos (Migration Data Portal, 2024).

Esta expansión no es solo cuantitativa. El creciente flujo de estudiantes internacionales ha generado un nuevo mercado educativo global, cuyo impacto económico se estima en un gasto total estimado de 433.000 millones de dólares para 2030, frente a los 196.000 millones registrados en 2019 (Icef Monitor, 2022). Las universidades, por tanto, no solo forman profesionales: reconfiguran economías, territorios y relaciones de poder a escala global.

Desde esta perspectiva, la geopolítica del conocimiento exige reexaminar el rol universitario más allá de métricas convencionales como los *rankings*. Se requiere un enfoque prospectivo que reconozca al territorio como actor y escenario del conocimiento, en el cual las IES operen como plataformas de inteligencia colectiva para anticipar y coconstruir futuros sostenibles.

2. EL TERRITORIO COMO DIMENSIÓN ESTRATÉGICA DEL CONOCIMIENTO

Durante siglos, las universidades han estado profundamente vinculadas a sus contextos locales, sirviendo como polos de producción cultural, formación ciudadana y desarrollo técnico. Sin embargo, el auge de la globalización educativa en las últimas décadas ha impulsado la adopción de modelos institucionales estandarizados y altamente competitivos, muchas veces desconectados de las realidades sociales y productivas del entorno inmediato (Marginson, 2016). Esta tensión entre lo local y lo global exige hoy una revalorización crítica del territorio como categoría estratégica para las instituciones de educación superior.

Frente a desafíos como el cambio climático, la polarización social o la transformación digital, las universidades están llamadas a convertirse en infraestructuras críticas del desarrollo territorial. Su rol trasciende la formación de recursos humanos para insertarse en una lógica más compleja: la de construir capacidades endógenas de innovación, resiliencia y sostenibilidad (Benneworth *et al.*, 2017). Esta transformación requiere reconocer que el conocimiento no circula de manera neutra ni homogénea, sino que se territorializa en función de las capacidades institucionales, los marcos normativos y las dinámicas socioculturales de cada región.

Los datos de crecimiento en la matrícula universitaria ilustran esta reconfiguración. Entre 2002 y 2022, Asia Central y Meridional registró un incremento del 259% en la matrícula, y África Subsahariana del 217%, evidenciando una expansión significativa del acceso a la educación superior en regiones previamente marginadas del sistema global (ver figura 1). Este fenómeno no solo refleja una mayor demanda de formación superior, sino también una redistribución geográfica de los nodos del conocimiento a nivel mundial.

FIGURA 1

MUNDO: MATRÍCULA EN EDUCACIÓN SUPERIOR EN EL PERIODO 2002-2022 (MILLONES DE PERSONAS)

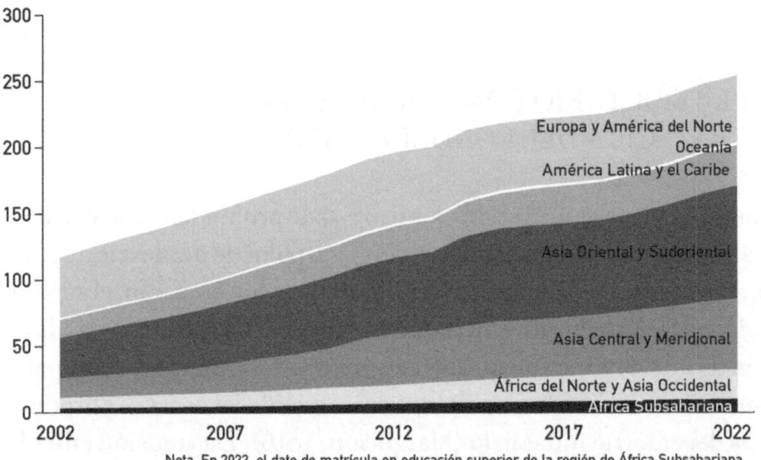

Nota. En 2022, el dato de matrícula en educación superior de la región de África Subsahariana es una estimación a partir del dato mundial.
Fuente: Elaboración a partir de la base de datos de UNESCO Institute for Statistics (2024).

En este contexto, el territorio deja de ser un simple lugar físico para convertirse en un actor institucional. Desde el enfoque de la inteligencia territorial (Girardot, 2011), las universidades deben asumir el rol de sistemas abiertos de producción de valor público, articulando funciones académicas con estrategias de desarrollo local. Esto implica orientar la investigación hacia problemas concretos del entorno, fomentar la innovación colaborativa y contribuir activamente a la resiliencia social, ecológica y económica de sus comunidades.

Así, la universidad ya no es solo un transmisor de saberes universales, sino un catalizador de futuros posibles en diálogo con su territorio. Su capacidad de anticipar transformaciones, articular actores locales y activar proyectos de innovación territorial la posiciona como una pieza clave en la gobernanza del desarrollo sostenible.

3. LAS UNIVERSIDADES COMO INFRAESTRUCTURAS COGNITIVAS DEL DESARROLLO SOSTENIBLE

La Agenda 2030 y sus Objetivos de Desarrollo Sostenible (ODS) han colocado a la educación superior en el centro de los debates sobre desarrollo global. No obstante, en muchas instituciones, la incorporación de estos marcos ha sido superficial o fragmentaria, reducida a reportes de sostenibilidad o a iniciativas aisladas de responsabilidad social. Esto revela una tensión aún no resuelta: ¿cómo transformar a las universidades para que la sostenibilidad sea no solo un tema transversal, sino un principio estructurante de su acción institucional?

Responder a esta pregunta requiere repensar el modelo organizativo y epistemológico de las universidades. En lugar de tratar la sostenibilidad como una dimensión externa o añadida, es necesario integrarla en el núcleo de sus funciones misionales: formación, investigación y vinculación. Este cambio implica una redefinición del propósito universitario, pasando de una lógica centrada en la competencia y la productividad científica hacia una visión orientada al bien común, la equidad intergeneracional y la regeneración de los ecosistemas sociales y naturales (Leal *et al.*, 2019).

Investigaciones recientes (Ceulemans *et al.*, 2020; Lozano *et al.*, 2015) evidencian que aquellas universidades que logran una alineación entre misión institucional, estructuras de gobernanza y redes locales tienen mayores impactos en la sostenibilidad territorial. Esto implica superar la fragmentación organizacional y avanzar hacia una misión integrada, en la cual la docencia, la investigación y la extensión no operan como compartimentos estancos, sino como partes de un mismo horizonte de transformación sostenible.

A este imperativo ético y organizacional se suma una dimensión económica cada vez más relevante: la movilidad internacional de estudiantes ha creado un verdadero mercado educativo global, donde las universidades también funcionan como nodos de atracción de inversión, conocimiento y talento. En 2019, el gasto total de los estudiantes internacionales —incluyendo matrícula, seguro, alojamiento, alimentación, transporte y tecnología— alcanzó los 196.000 millones de dólares. Se proyecta que esta cifra llegará a los 433.000 millones para 2030, consolidando a las instituciones de educación superior como infraestructuras económicas estratégicas, especialmente en países de acogida (Levent, 2016; Icef Monitor, 2022).

FIGURA 2

MUNDO: GASTO TOTAL DE LOS ESTUDIANTES INTERNACIONALES, SEGÚN TIPO DE GASTO, EN 2010, 2019 Y 2030 (MIL MILLONES DE DÓLARES)

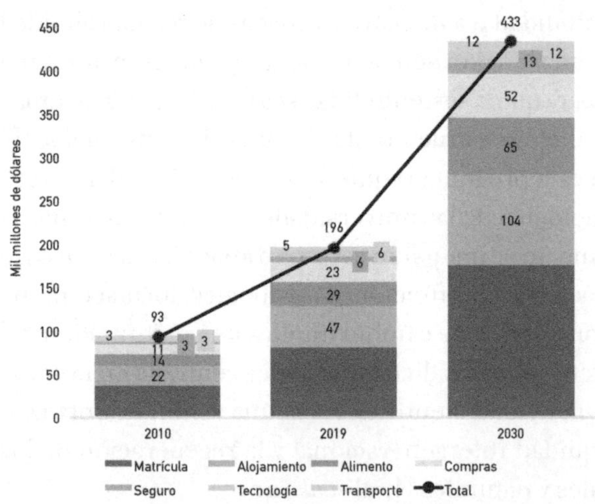

Fuente: Adaptado de "Forecast projects major growth in international enrolments through 2030" de Icef Monitor (2022).

En este contexto, el desafío no es solo crecer o atraer más estudiantes, sino transformar la forma en que se produce y distribuye el conocimiento. Como señala la UNESCO (2024), las universidades cumplen un papel fundamental en la formación de una fuerza laboral calificada, en la producción de saberes pertinentes y en la adaptación del conocimiento global a realidades locales. En otras palabras, son infraestructuras cognitivas esenciales para la transición hacia sociedades sostenibles, capaces de activar procesos de transformación desde el conocimiento situado y colaborativo.

4. TERRITORIALIZACIÓN DEL CONOCIMIENTO: ENTRE LA ANTICIPACIÓN ESTRATÉGICA Y LA SOBERANÍA LOCAL

En un entorno global marcado por la inestabilidad geopolítica, el colapso ecosistémico y la aceleración tecnológica, la noción de territorialización del conocimiento adquiere un nuevo significado. Ya no se trata únicamente de adaptar el conocimiento global a realidades locales, sino de construir marcos institucionales y capacidades prospectivas que permitan a los territorios ejercer soberanía cognitiva, anticipar futuros posibles y actuar estratégicamente en contextos complejos.

Desde la perspectiva de la anticipación estratégica —como la desarrollada en agencias como RAND Corporation o el European Strategy and Policy Analysis System—, el desarrollo territorial exige detectar señales emergentes, interpretar patrones sistémicos y diseñar políticas con visión de largo plazo (Popper, 2008; Habegger, 2010). En este escenario, las universidades están llamadas a jugar un rol crucial: convertirse en nodos de inteligencia colectiva que integren capacidades académicas, actores locales y herramientas de análisis prospectivo.

Las tendencias en expansión de la matrícula y la cobertura en educación superior refuerzan este posicionamiento. Por ejemplo, en América Latina y el Caribe, la tasa bruta de matrícula pasó del 24,5% en 2001 a un 56,6% en 2021, lo cual evidencia un proceso de ampliación educativa que también puede ser interpretado como una oportunidad estructural para democratizar la producción de conocimiento (ver figura 3). Sin embargo, esta expansión cuantitativa no garantiza per se un impacto transformador si no se acompaña de estrategias que vinculen a las universidades con los desafíos territoriales y las necesidades emergentes.

FIGURA 3

MUNDO: TASA BRUTA DE MATRÍCULA EN EDUCACIÓN SUPERIOR EN EL PERIODO 2001-2021 (PORCENTAJES)

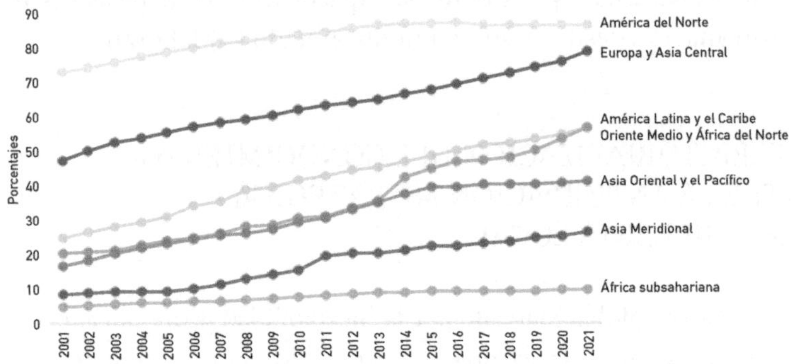

Nota. Los datos muestran el número de personas de cualquier grupo de edad matriculadas en educación superior expresado como porcentaje de la población total del grupo de edad de cinco años posterior al abandono de la escuela secundaria. Datos de UNESCO Institute for Statistics.
Fuente: Adaptado a partir de World in Data (2024).

En este contexto, han surgido formas innovadoras —aunque aún incipientes— de vinculación territorial, como los observatorios universitarios, los laboratorios ciudadanos o los ecosistemas de innovación abierta, que actúan como embriones de inteligencia territorial. Estas experiencias representan un punto de partida relevante, pero requieren de marcos normativos e incentivos que permitan consolidarlas como plataformas permanentes de soberanía del conocimiento (Santos, 2014).

Un avance concreto en esta línea es el Convenio de Buenos Aires (2019), ratificado por 23 países de América Latina y el Caribe. Esta iniciativa busca facilitar la movilidad académica, armonizar el reconocimiento de cualificaciones y fomentar la integración regional en educación superior (Pedró, 2023). No obstante, su verdadero potencial radica en articular dicha movilidad con políticas de territorialización del conocimiento que fortalezcan capacidades endógenas y eviten dinámicas de dependencia académica hacia el norte global.

Este enfoque cobra especial relevancia ante los datos recientes de movilidad educativa internacional. Entre 2013 y 2023, países como Perú, Ecuador, Chile y Argentina registraron aumentos significativos en el número de estudiantes matriculados en universidades de Estados Unidos, pese a las restricciones pandémicas (ver figura 4). Esta tendencia revela tanto la aspiración por parte de estos países a insertarse en los circuitos globales del conocimiento, como la urgencia de construir condiciones institucionales para retener talento y canalizarlo hacia agendas de desarrollo local.

FIGURA 4

AMÉRICA LATINA: ESTUDIANTES INTERNACIONALES EN ESTADOS UNIDOS, SEGÚN PAÍSES SELECCIONADOS, EN EL PERIODO 2016-2023 (NÚMERO DE ESTUDIANTES)

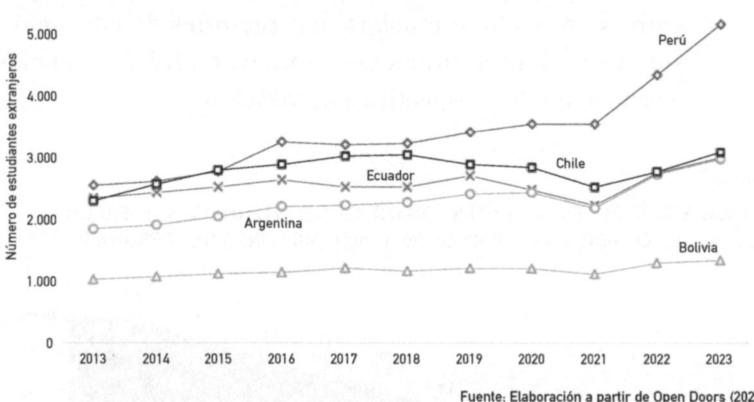

Fuente: Elaboración a partir de Open Doors (2024).

En este sentido, la territorialización del conocimiento no debe ser entendida como una simple adaptación de contenidos globales al contexto local. Se trata, más bien, de una reorganización estratégica de las capacidades científicas, tecnológicas y formativas orientadas al desarrollo endógeno. Desde una visión de inteligencia territorial, territorializar implica disputar activamente las cadenas de valor del conocimiento, democratizar el acceso a su producción, consolidar redes de innovación desde los márgenes y reducir la dependencia estructural de los flujos epistemológicos impuestos por el norte global (Girardot, 2011; Santos, 2014).

4.1. TENDENCIAS CLAVE A 2030

En el horizonte inmediato, tres tendencias sobresalen por su capacidad de reconfigurar el rol de las universidades en la territorialización del conocimiento:

- Consolidación del mercado educativo global: con un gasto proyectado de 433.000 millones de dólares americanos para 2030, la movilidad estudiantil internacional se perfila como un vector central de la economía política del conocimiento.
- Movilidad regional intralatinoamericana aún débil: pese a acuerdos como el Convenio de Buenos Aires, América Latina permanece rezagada en atracción y retención de talento internacional.
- Universidades como infraestructuras críticas de anticipación: se prevé que muchas instituciones de educación superior adopten funciones similares a las de agencias territoriales de prospectiva e innovación.

FIGURA 5

MUNDO: ESTUDIANTES SALIENTES CON MOVILIDAD INTERNACIONAL, SEGÚN REGIÓN DE ACOGIDA, EN EL PERIODO 2011-2021 (MILLONES DE PERSONAS)

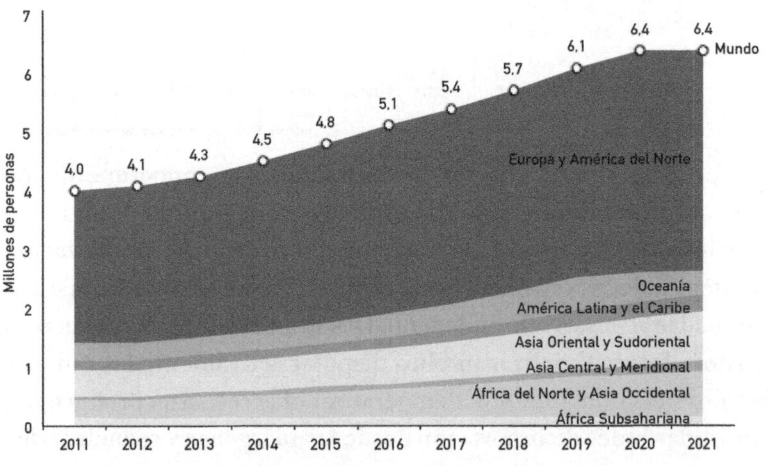

Fuente: Elaboración a partir de la base de datos de UNESCO Institute for Statistics (2024).

Estas tendencias se inscriben en un proceso más amplio de redistribución de los flujos educativos globales. Entre 2011 y 2021, Europa y América del Norte concentraron cerca del 60% de los estudiantes internacionales, lo que refuerza su centralidad en la geopolítica del conocimiento. No obstante, regiones como Asia Oriental, África del Norte y Oceanía han ganado protagonismo como destinos educativos, evidenciando una diversificación creciente en las trayectorias de movilidad internacional (ver figura 5).

5. RECOMENDACIONES ESTRATÉGICAS PARA UNA GEOPOLÍTICA UNIVERSITARIA EN CLAVE TERRITORIAL

La creciente demanda de trabajadores con educación superior —especialmente en países de ingresos bajos y medianos— confirma la urgencia de adoptar nuevas estrategias de transformación universitaria. Esta demanda aún insatisfecha, junto con el crecimiento de la conciencia social sobre el valor público de la educación superior, refuerza la necesidad de repensar el rol territorial de las universidades (Murthi y Malee, 2022). Responder a este desafío requiere reconfigurar las funciones universitarias a partir de una geopolítica del conocimiento anclada en los territorios.

Si las universidades han de desempeñar un rol estratégico en el actual reordenamiento mundial, no basta con que adopten principios abstractos de sostenibilidad o internacionalización. Es necesario que transformen sus modelos de gobernanza, planificación y vinculación con el entorno a partir de una geopolítica del conocimiento anclada en los territorios. Esto exige articular tres niveles de acción simultánea: institucional, territorial y global.

A continuación, se proponen cuatro líneas estratégicas clave para orientar esta transformación, cada una basada en una lógica de anticipación, colaboración multiescalar y compromiso con el bien común:

a) Integración territorial en la planificación universitaria. Las universidades deben incorporar diagnósticos territoriales participativos en sus planes de desarrollo institucional. Esto implica mapear actores clave, capacidades endógenas, retos locales y oportunidades de innovación, con el fin de orientar la oferta académica, los proyectos de investigación y las acciones de extensión hacia problemáticas concretas del entorno. Esta alineación debe ser dinámica, revisable y conectada con los instrumentos de planificación regional y nacional.

b) Gobernanza colaborativa y multiescalar. Es imprescindible transitar hacia modelos de gobernanza que reconozcan la interdependencia entre universidad, Estado, sociedad civil y sector productivo. Para ello, deben promoverse estructuras de codecisión con representación territorial, consorcios de innovación interinstitucional, y redes académicas con incidencia política regional. Esta lógica multiescalar fortalece la capacidad de las universidades para incidir en políticas públicas y contribuir a ecosistemas de desarrollo inclusivos y sostenibles.
c) Prospectiva territorial universitaria. Las instituciones de educación superior deben crear —o fortalecer— unidades internas de análisis prospectivo con enfoque territorial. Estas unidades deben utilizar metodologías como análisis de tendencias, construcción de escenarios, identificación de señales débiles y mapeo de capacidades emergentes. El objetivo es dotar a las universidades de una capacidad anticipatoria institucionalizada, que les permita actuar como infraestructuras críticas de inteligencia territorial y no como solo reproductoras del statu quo.
d) Cultura institucional orientada al bien común. La cultura organizacional universitaria debe ser reconfigurada para que la noción de éxito institucional se mida no solo por publicaciones indexadas o patentes, sino también por impactos transformadores en equidad social, sostenibilidad ecológica e innovación colaborativa. Esto requiere revisar indicadores, reformular incentivos y fomentar una ética académica comprometida con el futuro común.

Estas recomendaciones no deben entenderse como una receta uniforme, sino como un marco estratégico adaptable a distintos contextos institucionales y territoriales. Su valor radica en proponer una visión integral: combinar anclaje territorial, proyección internacional y anticipación estratégica para que las universidades puedan operar como actores soberanos dentro del sistema mundial del conocimiento.

6. CONCLUSIONES

Las universidades no pueden permanecer ajenas al territorio ni indiferentes a las disputas globales por el conocimiento. En un contexto de policrisis —ambiental, geopolítica, tecnológica y social— su papel trasciende la formación profesional o la producción científica: se consolidan como infraestructuras críticas del desarrollo sostenible, con capacidad de anticipación, mediación cultural y articulación multiescalar.

Este nuevo papel exige superar los modelos universitarios centrados exclusivamente en métricas internacionales, y construir instituciones profundamente arraigadas en su territorio, pero con proyección internacional e inteligencia estratégica. La Universidad debe ser pensada como una plataforma de soberanía cognitiva, donde se disputan sentidos, soluciones y futuros.

En este sentido, la geopolítica del conocimiento no es una abstracción: es el terreno donde se define quién produce saber, para quién y con qué consecuencias. Territorializar el conocimiento es, por tanto, una estrategia de poder inteligente. Significa dotar a los territorios de capacidad de agencia epistémica, de innovación contextual y de autonomía formativa.

Este desafío es también una oportunidad. La oportunidad de construir universidades capaces de leer el presente con lucidez y cocrear futuros con justicia. Futuros que no reproduzcan las lógicas extractivas del conocimiento, sino que impulsen transiciones justas, resilientes e inclusivas desde y con los territorios.

En definitiva, se trata de comprender que la Universidad no solo responde a los cambios del mundo: puede y debe ser protagonista en su transformación.

BIBLIOGRAFÍA

ALTBACH, P. G. (2016): *Global perspectives on higher education*, Johns Hopkins University Press.

BENNEWORTH, P., PINHEIRO, R. y KARLSEN, J. (2017): "Strategic agency and institutional change: Investigating the role of universities in regional innovation systems (RISs)", vol. 51, nº 2, pp. 235-248. https://n9.cl/iw7ju.

Ceulemans, K., Molderez, I. y Van Liedekerke, L. (2020): Sustainability reporting in higher education: A comprehensive review of literature, *Journal of Cleaner Production* (120408), pág. 256.

Girardot, J. J. (2011): Inteligencia territorial y transición socio-ecológica. *TRABAJO. Revista Iberoamericana de Relaciones Laborales*, vol. 23, https://n9.cl/6xcolr.

Habegger, B. (2010): Strategic foresight in public policy: Reviewing the experiences of the UK, Singapore, and the Netherlands, *Futures*, vol. 42, nº 1, pp. 49-58, https://n9.cl/mm65f.

Icef Monitor (2022): *Forecast projects major growth in international enrolments through 2030*, https://n9.cl/7isby2.

Knight, J. (2015): Updated definition of internationalization, *International Higher Education*, vol. 33, pp. 2-3, https://n9.cl/7ys6i.

Leal, W. *et al.* (2019): The role of higher education institutions in sustainability initiatives at the local level, *Journal of cleaner production*, vol. 233, pp. 1004-1015, https://n9.cl/937gk.

Levent, F. (2016): The economic impacts of international student mobility in the globalization process, *International Journal of Human Sciences*, vol. 13, https://n9.cl/t4cga.

Lozano, R. *et al.* (2015): A review of commitment and implementation of sustainable development in higher education: results from a worldwide survey, *Journal of cleaner production*, vol. 108, 1-18, https://n9.cl/dmoqpg.

Marginson, S. (2016): *The dream is over: The crisis of Clark Kerr's California Idea of higher education*, University of California Press, https://n9.cl/9z594.

Migration Data Portal (2024): *International students*, https://n9.cl/y6k07.

Murthi, M. y Malee, R. (2022): *Higher Education: Understanding demand and redefining values*, World Bank Blogs, https://n9.cl/oew17.

Open Doors (2024): *Student Mobility Fact Sheets*, https://n9.cl/a42te.

Our World in Data (2024): *Gross enrolment ratio in tertiary education*, https://n9.cl/cnech.

Pedró, F. (2023): *Un plan para aumentar la movilidad de los estudiantes en América Latina, University World News*, UNESCO International Institute for Higher Education in Latin America and the Caribbean, https://n9.cl/pgrhk.

Peters, M. A. (2023): The emerging multipolar world order: A preliminary analysis, *Educational Philosophy and Theory*, vol. 55, nº 14, pp. 1653-1663, https://n9.cl/rxi29.

Popper, R. (2008): How are foresight methods selected?, *Foresight*, vol. 10, nº 6, pp. 62-89, https://n9.cl/trb19.

Santos, B. (2014): *Epistemologies of the South: Justice against epistemicide*, Routledge, https://n9.cl/j1anl.

UIS (2024): Enrolment by level of education, UNESCO Institute for Statistics, acceso 18 de julio de 2024, https://n9.cl/6rplo.

— (2024): *Number and rates of international mobile students (inbound and outbound)*, UNESCO Institute for Statistics, acceso 18 de julio de 2024, https://n9.cl/6rplo.

UNESCO (2024): *What you need to know about higher education*, https://n9.cl/43oxo.

UNESCO Institute for Statistics (2024): *Number and rates of international mobile students (inbound and outbound)*, https://n9.cl/6rplo.

CAPÍTULO 13

ENTRE EL SABER GLOBAL Y LA ACCIÓN LOCAL: EL ROL ESTRATÉGICO DE LA UNIVERSIDAD EN EL DESARROLLO REGIONAL

RUBÉN GARRIDO-YSERTE Y NATALIA USACH

1. INTRODUCCIÓN

En las últimas décadas, se ha consolidado a nivel global una percepción cada vez más extendida sobre el papel estratégico que desempeñan las universidades como agentes dinamizadores del desarrollo económico y social a escala territorial. La presencia de instituciones de educación superior de alta calidad suele correlacionarse con entornos regionales prósperos e innovadores, consolidando la noción de que la Universidad actúa como un catalizador fundamental del progreso local. Esta hipótesis ha sido respaldada parcialmente por diversos estudios empíricos, entre los cuales destaca un trabajo que analiza 15.000 universidades distribuidas en 78 países, y que concluye que una mayor densidad histórica de instituciones universitarias se asocia, en promedio, con un crecimiento económico sostenido en el largo plazo (Valero y Van Reenen, 2019). En consonancia con estos hallazgos, numerosos gobiernos han diseñado e implementado políticas orientadas a expandir la presencia territorial de las universidades y fortalecer su capacidad de generación de conocimiento, con la expectativa de estimular economías locales basadas en la innovación y el aprendizaje.

En América Latina y el Caribe (ALC), región caracterizada por profundas desigualdades territoriales, las universidades —en especial las de carácter público— han sido concebidas como actores clave en los procesos de transformación regional. En este marco, se han multiplicado los esfuerzos por ampliar la cobertura del sistema de educación superior con el propósito de reducir las brechas interterritoriales y consolidar ecosistemas de innovación más inclusivos. Sin embargo, los resultados observables de estas políticas distan de ser concluyentes. La evolución del ingreso per cápita en los países de la región ha sido marcadamente irregular, y las disparidades territoriales persisten con notable tenacidad, lo que sugiere que la expansión universitaria, por sí sola, no garantiza impactos sustantivos sobre el desarrollo económico local.

En esta línea, el trabajo reciente de Suriñach (2025) representa un aporte significativo al analizar comparativamente el impacto económico de nueve universidades latinoamericanas. El estudio concluye que la contribución regional de las universidades no es ni automática ni homogénea, sino que está mediada por factores institucionales, capacidades territoriales y la calidad de las interacciones entre la academia y el entorno productivo. En particular, el análisis pone de relieve que el potencial transformador de la Universidad depende, en buena medida, de su alineación con las necesidades locales y del grado de apropiación social del conocimiento generado.

La complejidad del vínculo entre universidad y desarrollo se torna aún más evidente al considerar casos en economías avanzadas. Un estudio reciente sobre el sistema universitario sueco (Rodríguez-Pose y Wang, 2025) revela que el incremento en la intensidad investigadora de las universidades no se ha traducido en un aumento de los ingresos locales. De hecho, el análisis apunta a una paradoja inquietante: en ciertos contextos, el énfasis excesivo en la investigación académica de élite puede incluso correlacionarse con niveles más bajos de prosperidad en el entorno inmediato. Este hallazgo, en un país que ha apostado decididamente por la inversión en I+D universitaria como palanca de desarrollo regional, pone de manifiesto una potencial desconexión entre la agenda científica global y los beneficios socioeconómicos tangibles a escala subnacional.

Frente a estas evidencias, se impone la necesidad de abandonar visiones lineales o excesivamente optimistas sobre el impacto territorial de las universidades. La contribución de estas instituciones al desarrollo regional no es automática, ni homogénea, ni inmediata. Por el contrario, requiere ser comprendida en función de los contextos institucionales, las capacidades locales y los mecanismos concretos de articulación entre universidad y territorio. Este ensayo se propone, por tanto, examinar de qué manera —y bajo qué condiciones— las universidades pueden desempeñar un papel efectivo en el desarrollo territorial, identificar los principales obstáculos que enfrentan en contextos periféricos y reflexionar sobre la posibilidad de conciliar su integración en redes académicas globales con una acción más comprometida con los desafíos de sus comunidades locales.

2. EL ANÁLISIS DE LAS MISIONES UNIVERSITARIAS COMO CANALES PARA MEJORAR EL DESARROLLO TERRITORIAL

Las universidades han sido históricamente agentes de cambio, de transformación y avance de las sociedades. En la actualidad, esta función se ha diversificado y profundizado, convirtiendo a las instituciones de educación superior en nodos estratégicos para el desarrollo de las regiones en las que se insertan. En términos generales, la contribución territorial de las universidades se estructura en torno a tres grandes misiones institucionales que articulan su accionar: la formación de personas, la producción de conocimiento y la vinculación con el entorno o tercera misión que es, como argumentaremos, la que está experimentando mayores cambios sin despreciar los impactos de las dos anteriores.

El primer canal, vinculado a la formación de profesionales y técnicos, representa una de las vías más directas mediante las cuales la Universidad fortalece el tejido productivo local. Al proporcionar educación superior de calidad, las universidades incrementan el acervo de capital humano calificado disponible en el territorio, con efectos positivos sobre la productividad, la capacidad de innovación y la cohesión social. La segunda misión se refiere a la investigación científica y el desarrollo tecnológico, que constituyen motores fundamentales para la creación de conocimiento, el impulso a los emprendimientos innovadores y la transferencia de tecnologías hacia el entorno regional. Finalmente, la tercera misión —denominada de vinculación o extensión— implica la interacción sistemática con actores sociales, económicos e institucionales a través de servicios, asesorías, proyectos culturales, actividades de divulgación y mecanismos de gobernanza compartida. Esta función busca integrar a la Universidad en la dinámica de su entorno y potenciar la solución colectiva de problemas locales.

Sin embargo, el impacto territorial de la universidad trasciende estos tres canales institucionales. Las universidades constituyen, además, espacios privilegiados para el cultivo del pensamiento crítico, la deliberación democrática y la construcción de ciudadanía. Son instituciones que no solo generan conocimiento, sino que también lo problematizan, lo socializan y lo transforman en insumos para la formulación de políticas públicas. En muchos contextos, las universidades participan activamente en mesas de diálogo, consejos de planificación y órganos consultivos de los gobiernos nacionales, regionales y locales, donde su presencia técnica y su legitimidad social les permite incidir en decisiones que afectan directamente al desarrollo del territorio. En este sentido, la universidad no solo forma parte del sistema económico o educativo, sino que se configura como un actor político y cultural con capacidad de incidir en la orientación estratégica de los procesos regionales.

3. FORMACIÓN DE CAPITAL HUMANO Y RETENCIÓN DE TALENTO LOCAL

Más allá de la formación integral del individuo —cuya dimensión ética y cívica será abordada más adelante y que se considera crucial—, uno de los aportes más inmediatos y tangibles de las universidades al desarrollo territorial radica en la formación de capital humano. A través de sus programas académicos, las instituciones de educación superior nutren a la sociedad de profesionales, técnicos y científicos con competencias avanzadas, elevando el nivel general de capacidades disponibles en el territorio, fortaleciendo su competitividad frente a entornos más dinámicos y globales.

No obstante, este proceso no está exento de tensiones. El impacto real de la formación universitaria en el entorno local depende, en gran medida, de la capacidad del territorio para retener el talento que ha contribuido a formar. En ausencia de condiciones favorables —tales como empleos de calidad y cualificación adecuada, entornos emprendedores débiles, baja calidad de vida, escasa oportunidades de desarrollo profesional o ecosistemas de innovación—, los egresados tienden a emigrar hacia centros urbanos mayores, regiones más prósperas o incluso al extranjero. Este fenómeno, ampliamente documentado tanto en economías desarrolladas como en desarrollo, es conocido como fuga de cerebros, y representa una pérdida significativa para los territorios que, en muchos casos, realizan un esfuerzo desproporcionado para formar recursos humanos que luego beneficiarán a otras geografías.

En consecuencia, no basta con expandir la oferta educativa: es imperativo consolidar un entorno que haga viable y deseable la permanencia del talento local. Algunas universidades han asumido un rol activo en este sentido mediante la creación de bolsas de empleo regionales, viveros de empresas, incubadoras de negocios y alianzas con actores públicos y privados para facilitar la inserción laboral de sus egresados. Estas iniciativas, si bien necesarias, no resultan suficientes sin una articulación coherente con políticas públicas que fomenten la radicación de inversiones, mejoren las condiciones salariales y fortalezcan la infraestructura económica y social, aspecto especialmente significativo para las regiones consideradas como periféricas. Lo señalado es particularmente crítico en contextos con baja dotación educativa y alta emigración de personas cualificadas, donde la pérdida de talento no solo erosiona el potencial innovador local, sino que genera efectos negativos sobre el crecimiento económico a largo plazo (Beine, Docquier y Rapoport, 2008).

En el caso latinoamericano, la expansión del sistema universitario hacia ciudades intermedias y regiones tradicionalmente excluidas ha permitido que sectores de la población históricamente marginados accedan a la educación superior sin necesidad de migrar a las grandes urbes. Esta desconcentración territorial de la oferta educativa ha contribuido, en muchos casos, a frenar la pérdida neta de jóvenes con formación terciaria y universitaria en regiones periféricas. En el pasado, la centralización del sistema universitario en capitales nacionales y grandes ciudades promovía una migración estudiantil que rara vez se revertía, profundizando la desigualdad regional. Hoy, la presencia de universidades locales ayuda a contrarrestar esa tendencia. Sin embargo, estos avances pueden verse seriamente comprometidos por contextos macroeconómicos adversos, que erosionan los salarios del personal académico, desalientan la inversión y hacen cada vez más desventajosa la radicación en zonas alejadas de los centros dinámicos. En estas condiciones, incluso las universidades regionales más comprometidas enfrentan enormes dificultades para sostener su función como agentes de desarrollo territorial.

4. INVESTIGACIÓN, INNOVACIÓN Y ECOSISTEMAS REGIONALES DE CONOCIMIENTO

El segundo gran canal de impacto de las universidades en el desarrollo territorial es la generación de conocimiento e innovación, y su transferencia al entorno socio-productivo. En la economía del conocimiento contemporánea, la capacidad de investigación y desarrollo (I+D) de una región se considera un factor clave para elevar la productividad, diversificar la matriz productiva y crear nuevas industrias de alto valor añadido. Las universidades, a través de sus investigadores, laboratorios, patentes, publicaciones y *startups* derivadas, pueden ser fuentes de innovación tecnológica que se traduzcan en ventajas competitivas locales. La literatura sobre *spillovers* o derrames de conocimiento ha mostrado que las empresas ubicadas cerca de universidades investigadoras pueden beneficiarse del flujo de ideas, la interacción con científicos y el acceso a personal altamente calificado, incrementando su rendimiento innovador. De hecho, se argumenta que el conocimiento es a menudo pegajoso y decae con la distancia; es decir, las interacciones cara a cara y la proximidad geográfica facilitan la difusión del saber tácito. Por estas razones, muchas estrategias de desarrollo regional han apostado por invertir en investigación universitaria esperando catalizar polos tecnológicos locales.

Este canal incluye varias vías específicas: desde la investigación básica que amplía la frontera del conocimiento y puede dar pie a industrias enteramente nuevas en el largo plazo, hasta la investigación aplicada dirigida a resolver problemas prácticos locales, como mejorar cultivos en una zona agrícola o crear tecnologías para la industria regional. Asimismo, las universidades impulsan la innovación formando científicos y emprendedores, y creando empresas derivadas (*spin-offs*) que aprovechan resultados de laboratorio para ofrecer nuevos productos o servicios. En regiones con escaso sector privado innovador, la universidad muchas veces asume el rol de *hub* tecnológico, proveyendo infraestructura (parques científicos, aceleradoras), asesoría técnica y propiedad intelectual licenciada para su explotación comercial.

No obstante, lograr que la investigación universitaria se convierta en motor de desarrollo local presenta desafíos significativos. En la práctica, no siempre la producción científica de una universidad se alinea con las necesidades y capacidades de su entorno. La globalización académica, que conduce a la heteronomización de los criterios de evaluación y a la exteriorización de la autoridad científica (Beigel, 2022), acarrea el riesgo de priorizar tales criterios sobre las demandas y necesidades regionales o locales, toda vez que la competencia por financiamiento de proyectos y becas está sujeta a tales criterios y a la pertenencia a los *rankings* globales.

La desconexión antes referida encuentra explicación en tres aspectos fundamentales: la pérdida de capital humano (ya discutida previamente), la naturaleza jerárquica y tendente a la concentración de la investigación, y el escaso apoyo a las labores de innovación y transferencia tecnológica, especialmente en el ámbito local. En muchas ocasiones, la capacidad para producir conocimiento de calidad está estrechamente relacionada con inversiones en medios humanos y materiales que han de ser constantes en el tiempo y que necesitan una cierta masa crítica. Este hecho supone enfrentar un dilema: bien favorecer la concentración de los esfuerzos en grupos y lugares consolidados, lo que contribuiría al conocido efecto Mateo de la ciencia, o bien afrontar un proceso de desconcentración hacia nuevos espacios y grupos de reciente formación, con el riesgo de bajar la calidad de la producción científica (Véliz Briones *et al.*, 2021; Suárez y Fiorentin, 2018).

A lo anterior hay que sumar el hecho de que, aunque las universidades generen abundante conocimiento —relevante y de calidad— y cuenten con derechos de propiedad intelectual sobre sus invenciones, la traducción efectiva de ese saber en resultados económicos locales puede verse limitada, debido muchas veces a una falta de alineamiento de los incentivos para la vinculación con el tejido productivo, lo que produciría un desfase entre la oferta investigativa y la demanda empresarial. Por un lado, las empresas tienden a colaborar con universidades solo cuando los proyectos están claramente alineados con sus necesidades de mercado inmediatas. Por el otro, si la universidad orienta su investigación hacia temas muy sofisticados o desvinculados de la estructura productiva regional, es menos probable que surjan colaboraciones o aplicaciones locales de esos hallazgos.

Con frecuencia, estos dos mundos —el académico y el empresarial— se han dado la espalda, porque existen obstáculos institucionales que entorpecen la colaboración y la transferencia de conocimiento. Por ejemplo, en muchos casos, a menudo se observa cierta pasividad por parte de las universidades para establecer lazos con empresas de su entorno, a causa de una ausencia de incentivos claros para que los investigadores se involucren en proyectos locales. Las universidades han estado tradicionalmente orientadas y evaluadas por sus resultados en docencia e investigación, mientras que las métricas de prestigio internacionales apenas consideran el desempeño en vinculación o impacto comunitario.

Esta falta de reconocimiento curricular desincentiva a las autoridades universitarias y al personal académico a dedicar esfuerzos a la tercera misión.

Para superar estos desafíos, es necesario desarrollar políticas institucionales que reconozcan y valoren la vinculación territorial como una función esencial de la Universidad, que promuevan estructuras organizativas adecuadas, adaptadas y establezcan incentivos de fomento a la participación de la comunidad universitaria en el desarrollo regional. Sin políticas que premien la colaboración universidad-empresa —como programas de financiamiento conjunto, oficinas de transferencia proactivas o reconocimiento en la carrera académica por actividades de vinculación—, el intercambio tiende a ser débil o esporádico.

5. UNA UNIVERSIDAD POLÍTICA Y NO SOLO TÉCNICA: UNA TERCERA MISIÓN CADA VEZ MÁS AMPLIA

Tradicionalmente, la tercera misión universitaria ha sido circunscrita en muchos sistemas universitarios a la función de transferencia del conocimiento, enfocándose principalmente en la interacción universidad-empresa para la innovación tecnológica. Sin embargo, en América Latina y el Caribe (ALC), influenciada por la Reforma Universitaria de Córdoba de 1918, la extensión universitaria fue asumida e incorporada como una función esencial de la universidad, adoptando diferentes sentidos, enfoques y prácticas a lo largo del tiempo.

Los aportes de Fernanda Di Meglio (2022) permiten identificar tres perfiles de vinculación que reflejan la evolución de esta tercera misión. El perfil tradicional que predominó hasta fines del siglo pasado se centró en la vinculación con la empresa. A través de dispositivos de articulación, como las oficinas de transferencia o de vinculación tecnológica, el papel universitario consistía en ser agente de innovación tecnológica. Años más tarde, ese modelo, además de magros resultados, mostró su desconexión con las realidades regionales y locales, por lo que la vinculación fue adquiriendo prácticas más comprometidas con las transformaciones sociales y tecnológicas de los entornos, y la universidad fue tomando un papel más activo en la discusión y búsqueda de soluciones a los problemas sociales y en promover la cocreación de conocimiento y el diálogo de saberes con la sociedad. En los últimos años, especialmente en relación con las universidades de más reciente creación, este perfil ha ido profundizándose hacia una vinculación territorial centrada en la interacción de la universidad con los actores sociales e institucionales de sus contextos espaciales. En este modelo la Universidad se piensa a sí misma desde la realidad territorial, busca la pertinencia de su oferta académica y de investigación a las necesidades de su entorno y participa en las redes de gobernanza territorial.

Este último perfil implica reconocer que la labor de la universidad no fluye solo en una dirección, sino que debe construirse de manera bidireccional con la comunidad, colaborando con diversos agentes locales para cocrear soluciones a problemas concretos y construir comunidad. De esta forma, la universidad juega un papel clave en la formación de capital social y liderazgo cívico, actuando también como conciencia crítica frente a problemáticas sociales, influenciando la opinión pública local y propiciando cambios culturales.

6. LA UNIVERSIDAD COMO ACTOR POLÍTICO: LA PARTICIPACIÓN EN LAS POLÍTICAS PÚBLICAS

La forma en que una sociedad define sus problemas públicos está fuertemente influenciada por lo que se investiga, debate y enseña desde las universidades. A través de la difusión de conocimiento, la interacción con la comunidad y el ejemplo institucional, las universidades tienen un poder de transformación cultural que puede sentar las bases para un desarrollo más humano, crítico y sostenible en sus territorios (UNESCO IESALC, 2007).

Las universidades también inciden en las políticas públicas y la gobernanza local-regional, actuando como fuentes de evidencia científica y conocimiento experto para la toma de decisiones. En la era de la complejidad, los gobiernos enfrentan desafíos (pandemias, cambio climático, brechas sociales) que demandan políticas basadas en conocimiento. Aquí, la academia juega un rol clave: los responsables de políticas recurren cada vez más a investigadores universitarios en busca de datos rigurosos y análisis objetivos que orienten la formulación de estrategias apropiadas para hacer frente estos retos (UNESCO IESALC, 2007).

Este acercamiento se da tanto de manera formal, a través de consejos consultivos, comités de expertos, estudios contrastados, como informal mediante la influencia de ideas emanadas de publicaciones y debates académicos en la esfera pública. En muchos países, las universidades públicas tienen mandatos explícitos de apoyar el desarrollo nacional o regional brindando asistencia técnica al Estado. Por ejemplo, en Europa las universidades participan activamente en el diseño de Estrategias de Especialización Inteligente (RIS3), aportando diagnóstico y visión de futuro para las regiones.

En América Latina es frecuente observar cómo académicos universitarios ocupan roles de asesores en ministerios, gobiernos locales u órganos legislativos, transfiriendo conocimiento científico al diseño de programas sociales y económicos. La influencia universitaria en políticas públicas se manifiesta desde etapas tempranas del ciclo de políticas: en la definición misma de los problemas prioritarios. Aquello que se investiga y discute en la academia con frecuencia marca la agenda, en el sentido de identificar qué asuntos deben ser atendidos por los gobiernos.

Un ejemplo histórico es el papel de las universidades brasileñas en las décadas pasadas para evidenciar la magnitud de la desigualdad social o la destrucción amazónica, presionando así por políticas redistributivas y ambientales. De igual forma, en África, centros de investigación universitarios han asesorado a gobiernos en políticas de salud (por ejemplo, la Universidad de Witwatersrand en Sudáfrica con estudios sobre VIH/SIDA que guiaron la respuesta nacional) y de educación (la Universidad de Ghana evaluando la efectividad de reformas educativas).

Otro ámbito es la planificación territorial: las universidades con frecuencia colaboran en planes de ordenamiento urbano, desarrollo regional, conservación y análisis de riesgo ambiental. Facultades de arquitectura y urbanismo, por ejemplo, proveen a los municipios estudios sobre uso de suelo, movilidad o preservación patrimonial. Facultades de economía elaboran informes de perspectiva y simulaciones del impacto de distintas políticas en la región. Esta provisión de conocimiento técnico mejora la calidad de las intervenciones públicas locales.

Adicionalmente, las universidades forman profesionales para el sector público local: programas en administración pública, planificación regional o gestión municipal capacitan a los futuros funcionarios con las mejores prácticas y conocimientos de frontera, incrementando la capacidad de gobierno del territorio. En definitiva, a través de la investigación orientada a problemas públicos, la formación de capital humano para el Estado y la participación directa en órganos consultivos, las universidades aportan evidencia y capacidad a la gestión pública, contribuyendo a políticas más efectivas y al desarrollo territorial planificado.

7. EL EQUILIBRIO ENTRE LA AGENDA GLOBAL Y LAS NECESIDADES LOCALES

En las últimas décadas, la educación superior se ha globalizado vertiginosamente: las universidades compiten en escalas internacionales por prestigio, talento y recursos, siguiendo indicadores homogéneos que ponen énfasis en la excelencia investigadora y la visibilidad mundial. Si bien esta competencia global ha elevado estándares académicos, también ha generado presiones homogeneizadoras que pueden desviar a las universidades de su anclaje territorial.

La agenda de excelencia académica internacional puede entrar en conflicto con la agenda de desarrollo territorial, especialmente cuando las recompensas institucionales están desalineadas con las necesidades del entorno. Las redes académicas concentradas en centros de poder —principalmente en el norte global— tienden a dictar tendencias de investigación y criterios de éxito que luego las universidades periféricas tratan de emular. Investigadores del sur a menudo sienten que deben publicar en revistas de Estados Unidos o Europa para validarse, eligiendo temas de moda global en lugar de problemáticas locales, lo que debilita la pertinencia de sus aportes en sus propios países (Chavarro, Tang y Rafols, 2014). La académica uruguaya Judith Sutz junto a otros colegas ya advertía desde mediados de los 2000 que las universidades latinoamericanas habían perdido la posibilidad de diseñar sus propias agendas de investigación debido a estas dinámicas.

Otro desafío estrechamente ligado es la desigualdad territorial en la capacidad académica y de innovación. Las instituciones de élite tienden a concentrarse en las metrópolis o regiones más desarrolladas, que atraen a su vez a los mejores profesores, estudiantes, financiamiento y empresas de alta tecnología, reforzando un círculo virtuoso para los lugares centrales. Mientras tanto, las universidades en regiones periféricas o menos favorecidas suelen enfrentar limitaciones de recursos, menor masa crítica investigadora y dificultades para acceder a redes internacionales. Esta brecha implica que, justamente donde más se necesitaría el dinamismo universitario para impulsar el desarrollo, es donde las universidades tienen menos medios para hacerlo.

Esta realidad plantea la necesidad de reequilibrar el rol de la universidad en la globalización académica, poniendo más énfasis en la colaboración Sur-Sur y en la pertinencia local de la ciencia. Una de las propuestas en la región del Caribe, impulsada por la Asociación de Estados del Caribe (AEC), es crear redes de investigadores enfocadas en problemáticas compartidas del Gran Caribe, fomentando el diálogo regional en lugar de la dispersión de esfuerzos.

Un desafío final que cabe mencionar es el de la incidencia en las agendas públicas locales. Idealmente, las universidades deberían ser faros de pensamiento para sus regiones, orientando e informando la toma de decisiones de los gobiernos locales y actores sociales. En la práctica, lograr esa influencia requiere tanto disposición de la academia como apertura de las autoridades. En regiones donde la conexión universidad-gobierno local es débil, puede que el conocimiento producido no se incorpore en políticas, o que la universidad permanezca ensimismada sin asumir un liderazgo intelectual en su comunidad.

Existen ejemplos positivos, como universidades que han liderado la elaboración de planes de desarrollo regional, observatorios urbanos o iniciativas de innovación social en sus ciudades, incidiendo directamente en la orientación de las políticas públicas. Sin embargo, en otros casos las agendas locales son capturadas por urgencias políticas de corto plazo y no aprovechan el saber académico disponible. Fortalecer la incidencia pública implica que la universidad sintonice sus investigaciones con las necesidades sociales y las comunique efectivamente, y que los gobiernos vean a la academia como aliada estratégica.

En territorios periféricos, esta relación puede ser crítica: la Universidad quizás sea la institución con mayor capacidad técnica en cientos de kilómetros a la redonda, por lo que recae sobre ella una responsabilidad especial de contribuir al diseño de soluciones. Cuando esa responsabilidad no se cumple, ya sea por desinterés académico o por desconfianza política, se desperdicia un recurso clave para el desarrollo local.

8. CONCLUSIONES

A modo de síntesis, puede afirmarse que la universidad contemporánea posee un potencial estratégico para convertirse en un pilar del desarrollo regional y local a través de diversas funciones interrelacionadas: la formación de capital humano con las competencias que demandan las economías del conocimiento, la generación de investigación e innovación que nutren la competitividad territorial, y el compromiso activo con la resolución de los problemas sociales, económicos y ambientales del entorno. Experiencias de distintas latitudes confirman que, cuando estos roles se articulan coherentemente, la presencia de una institución de educación superior puede tener un efecto transformador sobre el destino de una región. No obstante, esta contribución no es automática ni garantizada; depende de factores contextuales como la estructura económica local, la capacidad de absorción del conocimiento, la existencia de redes colaborativas eficaces y, de manera crucial, de las decisiones estratégicas que adopte la propia universidad.

Uno de los principales riesgos identificados es la desconexión entre la agenda académica global y las necesidades locales, una tensión que puede presentarse incluso en los sistemas más consolidados. Cuando las universidades priorizan exclusivamente su posicionamiento en *rankings* internacionales —centrándose en la producción de investigación evaluada según métricas globales— tienden a descuidar sus funciones formativas y su compromiso social. Este desequilibrio puede provocar efectos adversos, como la emigración de los estudiantes más capacitados o la débil transferencia de conocimiento al entorno inmediato. Por el contrario, aquellas universidades que logran mantener un balance virtuoso entre sus tres misiones —docencia, investigación y vinculación— tienen mayores posibilidades de formar profesionales comprometidos con sus comunidades, de fortalecer los vínculos con el tejido social y productivo, y de alinear parte de su producción académica con problemáticas territoriales concretas.

En este marco, es imprescindible que los gobiernos y organismos internacionales reconozcan la heterogeneidad institucional y territorial del sistema de educación superior. No todas las universidades deben replicar un modelo homogéneo de excelencia global. Las instituciones ubicadas en regiones periféricas o rezagadas requieren políticas diferenciadas que reconozcan las trayectorias diversas, sus contextos y potencialidades. Estas políticas han de contemplar financiamiento adicional, incentivos para la atracción y retención de talento, y un esquema de gobernanza reticular que fortalezca la colaboración regional más que la competencia aislada. La evidencia empírica indica que la inversión en investigación universitaria genera retornos significativos, pero estos solo se concretan si existen mecanismos efectivos para traducir el conocimiento en innovación social y económica a escala local. De lo contrario, corre el riesgo de profundizarse la brecha entre los territorios centrales y periféricos, concentrando los beneficios de la economía del conocimiento en las regiones ya desarrolladas.

Las universidades están llamadas, por tanto, a desempeñar un papel protagonista en el cierre de esas brechas, actuando como democratizadoras del conocimiento —acercando la ciencia y la tecnología a quienes más lo necesitan— y como garantes de la pertinencia, orientando sus agendas hacia los Objetivos de Desarrollo Sostenible y las prioridades nacionales y locales. En esta línea, autores como Arocena y Sutz han defendido la necesidad de avanzar hacia universidades para el desarrollo en el sur global: instituciones comprometidas explícitamente con la innovación inclusiva, la sostenibilidad humana y la justicia social. Este enfoque requiere formas de cooperación estrechas con actores sociales desfavorecidos, el diseño de soluciones frugales y adaptadas a contextos de escasez, y el ejercicio de un liderazgo intelectual orientado a la equidad. Como advierten estos autores, la articulación entre conocimiento avanzado y actores sociales débiles constituye un desafío teórico y práctico de primer orden, que demanda nuevas capacidades institucionales, adaptaciones organizacionales, imaginación política y una voluntad sostenida. Aun así, este camino resulta indispensable si se aspira a que la educación superior actúe verdaderamente como un bien público y la universidad como un actor relevante en la construcción de sociedades más justas, resilientes y sostenibles.

BIBLIOGRAFÍA

Alzugaray, S.; Mederos, L. y Sutz, J. (2011): La investigación científica contribuyendo a la inclusión social, *Revista Iberoamericana de Ciencia, Tecnología y Sociedad* - CTS, vol. 6, nº 17, pp. 11-30.

Arocena, R. y Sutz, J. (2015): La Universidad en las políticas de conocimiento para el desarrollo inclusivo. Cuestiones de sociología - *Revista de Estudios Sociales*, vol. 12.

— (2022): Collaboration of universities with productive actors in an age of knowledge-based inequality. *International Journal of Intellectual Property Management* (IJIPM), vol. 12, nº 1, pp. 88-108. DOI:

Beigel, F. (2022): *Heteronomía académica, autoridad científica y autonomía*, CLACSO.

Beine, M.; Docquier, F. y Rapoport, H. (2008): Brain drain and human capital formation in developing countries: Winners and losers, *The Economic Journal*, vol. 118, nº 528, pp. 631-652.

Chavarro, D.; Tang, P. y Rafols, I. (2014): Interdisciplinarity and research on local issues: Evidence from a developing country, *Research Evaluation*, vol. 23, pp. 195-209.

Di Meglio, F. (2022): La vinculación científico-tecnológica ¿hacia una perspectiva territorial y focalizada? Experiencias recientes en las universidades argentinas, *Entramados: educación y sociedad*, vol. 9, nº 12, pp. 76-92.

Global Partnership for Education – Knowledge and Innovation Exchange (2023): Ghana: Transforming education for out-of-school and marginalized youth, consultado el 5 de junio de 2025, https://www.gpekix.org/en/blog/ghana-transforming-education-out-school-and-marginalized-youth

Parilla, J. y Haskins, G. (2022): How research universities are evolving to strengthen regional economies, Brookings Institution, consultado el 5 de junio de 2025, https://n9.cl/d69zh.

Pinheiro, R.; Benneworth, P. y Jones, G. A. (eds.). (2012): *Universities and Regional Development: A Critical Assessment of Tensions and Contradictions*, Routledge.

Rodríguez-Pose, A. y Wang, H. (2025): The local economic impact of the Swedish higher education system, *Regional Studies*, vol. 59, nº 1, pp. 1-19.

Suárez, D. y Fiorentin, F. (2018): *Federalización y efecto Mateo en la política científica. El caso del PICT en la Argentina (2012-2015), documento de trabajo N°12*, CIECTI (Centro Interdisciplinario de Estudios en Ciencia, Tecnología e Innovación)

Suriñach, J.; Dones, N. y Moreno, R. (2025): Impacto económico regional de las universidades latinoamericanas: Un análisis comparado. Investigaciones Regionales *–Journal of Regional Research*, vol. 55, pp. 165-190.

UNESCO IESALC (2007): Universidades latinoamericanas como centros de investigación y desarrollo, *Educación Superior y Sociedad*, año 1, nº 12.

Véliz Briones, V. *et al.* (2021): Injusta distribución del presupuesto entre las universidades públicas del Ecuador: Efecto Mateo, *Revista Internacional de Educación para la Justicia Social*, vol. 10, nº 1, pp. 197-210, https://doi.org/10.15366/riejs2021.10.1.012

SOBRE LOS AUTORES Y LAS AUTORAS

Rubén Garrido-Yserte (coord.)
Doctor en Economía por la Universidad de Alcalá. Director del Instituto Universitario de Investigación en Análisis Económico y Social (IAES) de la Universidad de Alcalá, donde además coordina el grupo de investigación de alto rendimiento Análisis Económico Territorial y Políticas Públicas. Profesor titular de Economía Aplicada del Departamento de Economía y Dirección de Empresas de la Universidad de Alcalá. Sus temas de interés se centran en las desigualdades territoriales, los cambios socioeconómicos derivados de la globalización y la digitalización; y los retos a los que se enfrentan las políticas públicas cuando se tiene en cuenta el territorio. Particularmente, estudia las políticas educativas y su impacto territorial y la Universidad como agente de cambio social a través del estudio del impacto de sus actividades y de su valor estratégico.

Miembro de la Asociación Española de Ciencia Regional y de la European Regional Science Association. Forma parte del Consejo Científico de la Academia de Ciencias Político-Administrativas y Estudios de Futuro de México (IAPAS). Es miembro de la Red Iberoamericana de Prospectiva (RIBER). Forma parte del Consejo Editorial de varias revistas y ha ejercido la consultoría internacional para la Dirección General de Política Regional y Urbana (DG REGIO), el Banco Interamericano de Desarrollo (BID) o Gobiernos nacionales y regionales.

Ha desempeñado numerosos cargos académicos entre los cuales ha sido gerente de la Universidad de Alcalá (2010-2018) y vicerrector de Economía, Emprendimiento y Empleabilidad (2018-2019). Vicepresidente de la Fundación de la Universidad de Alcalá (2010-2018) y, consejero de CRUSA, Alcalingua y Oficina de Cooperación Universitaria. Posee la medalla de plata de la Universidad de Alcalá.

Héctor Casanueva (coord.)
Vicepresidente del Foro Académico Permanente América Latina y el Caribe-Unión Europea (FAP ALC-UE). Investigador del Instituto Universitario de Análisis Económico y Social (IAES) de la Universidad de Alcalá. Coordinador de la Cátedra de Prospectiva Estratégica y Relaciones Internacionales, del Instituto de Estudios Internacionales de la Universidad de Chile. Máster en Comunidades Europeas por la Universidad Politécnica de Madrid (CEYDE), se ha especializado en relaciones euro-latinoamericanas y cooperación UE-ALC, en desafíos globales y prospectiva estratégica. Ex embajador de Chile en Ginebra ante la OMC y OO.II (2014-2018) y en Montevideo ante la ALADI y el Mercosur (2000-2005).

Miembro del Comité de Planificación del Millennium Project Global Futures Studies and Research. Miembro del Consejo Federal Español del Movimiento Europeo. Cofundador y director del Consejo Chileno de Prospectiva y Estrategia. Participó en la creación y fue el primer presidente del directorio del Latinobarómetro (1995). Autor y coautor de varias obras sobre relaciones Europa-América Latina, integración, cooperación internacional y prospectiva estratégica. Su libro más reciente es *Prospectiva del siglo XXI*.

Emily Alfaro Rojas
Internacionalista por la Universidad Nacional de Costa Rica. Se encuentra cursando la licenciatura en Relaciones Internacionales con énfasis en Política Exterior por la misma universidad y está próxima a iniciar la Maestría en Resolución de Conflictos, Paz y Desarrollo por la Universidad para la Paz. Es asistente académica y de investigación de la oficina del rector de la Universidad para la Paz desde 2021. Ha participado junto a Francisco Rojas Aravena en la edición de un sin número de publicaciones para América Latina como para el resto del mundo. Se ha interesado en temas de resolución de conflictos, paz, democracia y equidad de género.

Xóchitl Arias
Doctora en Ciencias del Lenguaje por el centro de Investigaciones Semióticas de la Universidad de Limoges, maestra en Innovación y estrategia por la misma universidad y diseñadora de la Comunicación Gráfica por la Universidad Autónoma Metropolitana. Inició su carrera profesional en la prensa y paulatinamente se especializó en el estudio del significado aplicada a procesos de innovación, en cuyo campo ha ejercido una práctica como consultora con organizaciones públicas, privadas y de la sociedad civil, tanto en México como en Europa desde 2002.

Su trayectoria académica ha ocurrido en el Instituto Tecnológico de Monterrey, donde dirigió la Maestría en Innovación de Productos, fundó la Cátedra de Investigación en Diseño para la Innovación y ha sido directora del Departamento de Diseño, así como decana de la Escuela de Arquitectura, Arte y Diseño para la región Centro. Forma parte de la red de diseño como proceso y, desde 2014, escribe y desarrolla proyectos relacionados con diseño de futuros, diseño avanzado y diseño de transiciones. Actualmente, dirige el

Laboratorio de Diseño de Futuros, un laboratorio de servicios para los ecosistemas de investigación, innovación y emprendimiento del Tecnológico de Monterrey, que tiene por objeto difundir la cultura de anticipación y codiseñar futuros deseables a través de diseño.

Yiem Ataucusi

Doctora Ph D. en Economía de los Recursos Naturales y Desarrollo Sostenible por la Universidad Nacional Agraria La Molina (UNALM), Perú. Magíster en Prospectiva Estratégica por el Tecnológico de Monterrey (México) y Licenciada en Administración, con estudios de posgrado en Gerencia Social por la Pontificia Universidad Católica del Perú (PUCP). Cuenta con especialización en políticas públicas y planeamiento estratégico. Desde 2018, se desempeña en el Centro Nacional de Planeamiento Estratégico (CEPLAN), donde ha asumido funciones de coordinación técnica. Ha sido consultora para entidades nacionales como el Ministerio del Ambiente y PROMPERÚ, así como para organismos internacionales, entre ellos la CEPAL (Sede Santiago de Chile), la ONUDI, la Cooperación Belga y Cáritas. Asimismo, ha colaborado con empresas privadas en Perú y México en temas vinculados a sostenibilidad y planificación estratégica.

Es docente en prospectiva estratégica en la Universidad Nacional de Ingeniería, la Universidad Nacional Mayor de San Marcos (Perú) y el Colegio de Tamaulipas (México). Integra la Red Iberoamericana de Prospectiva (RIBER) y la Red Latinoamericana de Futuros (RLF). Es coautora del capítulo 10 "Prospectiva de la Resolución de Conflictos en América Latina 2050" del libro *América Latina al 2050*, y ha publicado artículos académicos sobre sostenibilidad, prospectiva y eficiencia técnica, además de diversos estudios institucionales en el CEPLAN.

Guillermina Benavides

Doctora en Trabajo Social por la Universidad de Texas en Arlington y la Universidad Autónoma de Nuevo León, maestra en Administración Pública y Políticas Públicas y licenciada en Relaciones Internacionales por el Instituto Tecnológico de Monterrey. Desde 2013, es directora de la Maestría en Prospectiva Estratégica de la Escuela de Gobierno y Transformación Pública. Ha trabajado en prospectiva estratégica y consultoría de futuros para empresas globales en México y América Latina, y ha publicado diversos artículos en revistas nacionales e internacionales como *Futures*, *World Futures Review*, *Political Studies Review*, *Obets* y *Espiral*.

Forma parte del consejo editorial de la revista *World Futures Review* de la editorial Sage y participa como jurado en los premios Next Generation Foresight Awards desde 2019. Durante 2022-2023, fue visitante Académica en la Said School of Business de la Universidad de Oxford, donde trabajó en planeación de escenarios y estrategia. También forma parte de la Global Foresight Network del World Economic Forum y, en julio del 2023, fue nombrada cotitular de la Cátedra UNESCO en Liderazgo Anticipatorio para Futuros Mejores e Innovadores.

Martina Bo
Representante para las Américas de Erasmus Student Network (ESN), donde promueve la movilidad internacional y bi-regional. Es consultora senior para Deloitte Luxemburgo, donde trabaja en proyectos para las instituciones europeas y públicas. Tiene una especialización en Diplomacia, Asuntos Europeos y Políticas Públicas. Ha trabajado para la Cámara de Comercio Italiana en República Dominicana y la Representación de la Comisión Europea en Italia. Es italiana de nacimiento y ciudadana del mundo por adopción.

María Teresa Gallo-Rivera
Economista por la Universidad Nacional de Piura (Perú), máster en Docencia Universitaria y doctora en Economía por la Universidad de Alcalá. Es profesora titular de Economía Aplicada del Departamento de Economía y Dirección de Empresas de la Universidad de Alcalá. Subdirectora del Instituto Universitario de Análisis Económico y Social y de la Cátedra de Responsabilidad Social Corporativa de la Universidad de Alcalá. Coordina el Grupo de Investigación en Responsabilidad Social y Sostenibilidad y además forma parte del Grupo de Investigación en Análisis Económico Territorial y Políticas Públicas. Sus temas de interés comprenden los relacionados con la economía y la política regional y urbana, el impacto de las actividades y fenómenos económicos y sociales sobre el territorio, los territorios socialmente responsables, la igualdad y la gestión de las organizaciones con perspectiva de género.

Ha publicado en revistas internacionales y nacionales como *The Annals of Regional Science*, *Cities*, *Journal of Business Research*, *Economic-Research-Ekonomska Istrazivanja*, *Journal of* Housing Economics, Energy Policy, *EURE-Revista Latinoamericana de Estudios Urbano Regionales*, *Revista de Educación*, *Papeles de Economía Española*, *Panorama Social (Funcas)*, *Revista de Estudios Regionales*, *Revista de Investigaciones Regionales*, *Economía Industrial*, *Ekonomiaz Revista Vasca de Economía*, entre otras. Ha publicado en libros de editoriales prestigiosas internacionales y nacionales como Springer Verlag, Peter Lang, Fondo de Cultura Económica, Ediciones Sílabo, Lda., Editorial Síntesis, Los Libros de la Catarata, y Mundiprensa Libros, S.A.

Forma parte de la Asociación Española de Ciencia Regional donde preside la Junta Directiva de la Asociación Madrileña de Ciencia Regional. Es miembro del Consejo Asesor Internacional de EURE, Revista Latinoamericana de Estudios Urbano Regionales. Además, ha sido evaluadora externa de las revistas *Violence Against Women*, *Educational Review*, *Investigaciones Regionales-Journal of Regional Research*, *Revista de Estudios Regionales*, *Revista Economía, Sociedad y Territorio*, y *Pensamiento Crítico*, entre otras. Desde 2015 forma parte del Directorio de Evaluadores Externos de Investigación de la Pontifica Universidad Católica del Perú.

Alfonso González Hermoso de Mendoza
Presidente de la Asociación Espacios de Educación Superior. Ha sido viceconsejero de Ciencia, Universidades e Innovación de la Comunidad de Madrid, secretario general técnico de Educación e Investigación de la Comunidad de

Madrid, director general de Evaluación y Cooperación Territorial del Ministerio de Educación, Cultura y Deporte, director general de la Escuela de Organización Industrial EOI del Ministerio de Industria. Profesor asociado de Derecho Administrativo en la UCM y la URJC, secretario fundador de la Fundación Madri+d para el conocimiento, presidente y fundador de la Asociación Educación Abierta. Máster en Política y gestión de las universidades por la Universidad Politécnica de Cataluña. Es funcionario técnico superior de la Universidad Complutense de Madrid. Es miembro de la Fundación Gadea y del FEI Foro de Empresas Innovadoras.

María del Carmen Patricia Morales
Doctora en Filosofía por la Universidad de Buenos Aires, con una tesis sobre ética de la responsabilidad solidaria y derechos humanos, realizada en asociación con la Universidad Goethe de Frankfurt (DAAD). Es profesora invitada en la Universidad de Lovaina y coordina la Cátedra UNESCO en Seguridad Humana de la Universidad Blas Pascal, en Argentina. Ha colaborado con diversas universidades, entre ellas la Universidad de Alcalá (beca Giner de los Ríos), la Universidad de São Paulo, la Universidad Autónoma de Madrid y la Universidad Nacional de Costa Rica.

Es tutora legal de menores extranjeros no acompañados en Bélgica y evaluadora para la Comisión Europea. Es directora de la asociación Terra Curanda y vicepresidenta de Mundus Maris. Coconduce programas de radio centrados en la Agenda 2030 y la cooperación Norte-Sur. Publica activamente sobre ética, derechos humanos, medioambiente, educación y diálogo intercultural, integrando su labor académica con un fuerte compromiso social y artístico.

Yuma Inzolia
Directora de Desarrollo de Capacidades en el Instituto Internacional de la UNESCO para la Educación Superior en América Latina y el Caribe (UNESCO IESALC), donde lidera programas transformadores enfocados en fortalecer las competencias institucionales y personales en el marco de la Agenda 2030.

Especialista en modelos de liderazgo transformador, ha sido una figura clave en la incorporación del modelo competencial de la UNESCO para la Educación para el Desarrollo Sostenible en las instituciones de educación superior. Lideró la mesa redonda sobre aplicaciones de la inteligencia artificial en la educación superior durante la Conferencia Mundial de Educación Superior de la UNESCO (Barcelona, 2022), consolidando su papel como referente en innovación educativa. Además, cuenta con una sólida trayectoria como fundadora de la plataforma Miríadax y exgerente de Impacto Social en Telefónica, donde impulsó estrategias de educación digital a gran escala. Es una activa promotora de espacios de cooperación Sur-Sur, fomentando el diálogo entre instituciones de educación superior de América Latina, el Caribe, África y Asia.

Elena Mañas Alcón
Profesora titular de Economía Aplicada en el Departamento de Economía y Dirección de Empresas de la Universidad de Alcalá. Directora de Voluntariado

(2018-2022), también ha sido vicedecana 2ª de la Facultad de Ciencias Económicas y Empresariales y Directora del Departamento de Economía Aplicada en la misma Universidad.

Investigadora del Instituto Universitario de Análisis Económico y Social (IAES), donde coordina el área de Responsabilidad Social Corporativa. Es coordinadora del Grupo de Investigación Responsabilidad Social y Sostenibilidad (SOCIRESS) y ha liderado la Cátedra de Responsabilidad Social Corporativa UAH-Santander desde 2016. Es miembro del Grupo de Investigación Análisis Económico Territorial y Políticas Públicas (TEAPP).

Oscar Montes Pineda

Economista y doctor en Análisis Económico. Profesor en el Departamento de Economía y Dirección de Empresas de la Universidad de Alcalá, e investigador del Instituto Universitario para el Análisis Económico y Social (IAES) y de la Cátedra de Responsabilidad Social Corporativa de la UAH. Ha participado en proyectos regionales, nacionales y europeos de investigación y educación sobre innovación publica, economía de la educación, economía circular y perspectiva de género. Profesionalmente ha colaborado con la Dirección General de Transferencia de Tecnología y Desarrollo Empresarial del Ministerio de Ciencia e Innovación, ha sido consultor del Banco Mundial y de la Secretaría General del Sistema de la Integración Centroamericana (SG-SICA).

Concepción Olavarrieta Rodríguez

Presidenta fundadora del nodo mexicano y mexican chair de The Millennium Project. Licenciada en ciencias diplomáticas por la Universidad Nacional Autónoma de México, con estudios superiores en derecho, economía, comercio exterior, planeación, organización estratégica, procuración de fondos y prospectiva. Está especializada en estudios de prospectiva y es la fundadora de la Bolsa de tierra social, el Premio del Milenio Mundial (con cobertura en 110 países, siete millones de consultas y premiados de los cinco continentes).

Coordinadora de *Futuros*, el primer diccionario enciclopédico mundial de prospectiva, versiones 1 y 2 (2011 y 2023). Sus últimos estudios prospectivos versan sobre los futuros del crimen organizado transnacional en México y Latinoamérica al 2050, enfocados en un ecosistema innovador de prevención. Es coordinadora y autora de los libros: *Futuros México hacia 2050* y *Latinoamérica 2050. Retos, escenarios y acciones.* Su último estudio prospectivo, *Iniciativas prospectivas para acuerdos legislativos con visiones a corto, mediano y largo plazo y beneficios medibles*, está dirigido a los congresos y parlamentos de México y el mundo.

María Cristina Pineda de Carías

Es ingeniera civil, física y astrofísica. Profesora titular de la Facultad de Ciencias Espaciales de la Universidad Nacional Autónoma de Honduras (UNAH). Fue directora del Observatorio Astronómico Centroamericano de Suyapa (1997-2010) y decana de la Facultad de Ciencias Espaciales (2010-2014)

(2014-2017). Miembro de la Unión Astronómica Internacional (IAU), de la Sociedad Iberoamericana de Sistemas de Información Geográfica (SIBSIG) y de la Sociedad Americana de Arqueología (SAA). Su labor académica, con impacto en la región centroamericana, se ha centrado en la Astronomía y la Astrofísica, la Arqueoastronomía y la Astronomía Cultural, la Percepción Remota, los Sistemas de Información Geográfica y las Ciencias Aeronáuticas.

Francisco Rojas Aravena
Rector de la Universidad para la Paz (UPAZ) desde 2013. Es doctor en Ciencias Políticas por la Universidad de Utrecht (Países Bajos) y máster en Ciencias Políticas por la Facultad Latinoamericana de Ciencias Sociales (FLACSO), está especializado en relaciones internacionales, seguridad humana, integración, sistemas políticos latinoamericanos, negociaciones, seguridad y defensa internacional. Fue secretario general de FLACSO (2004- 2012) y director de FLACSO Chile (1996-2004). Forma parte del Consejo Editorial de varias revistas académicas.

En 2016, recibió el Premio Nacional Malinalli de la Universidad Autónoma de Juárez (México), por sus contribuciones a la región latinoamericana. En 2012, fue galardonado por los gobiernos de Costa Rica, Paraguay y República Dominicana por sus contribuciones a la integración entre América Latina y el Caribe. Ha publicado un gran número de libros, capítulos y publicaciones tanto dentro como fuera de América Latina, muchos de los cuales traducidos a otros idiomas. A lo largo de su carrera profesional, también ha realizado labores de asesoría y consultoría para diversos organismos internacionales y gobiernos de la región.

María Jesús Salado-García
Profesora titular de Geografía Humana en la Universidad de Alcalá. Vicedecana y secretaria de la Facultad de Ciencias (2010-2018) y directora de Sostenibilidad Ambiental de la Universidad de Alcalá (2018-2022).

Es investigadora del grupo Tecnologías de la Información Geográfica y Análisis Territorial y ha coliderado la Cátedra ENGIE de Sostenibilidad, Cambio Climático y Transición Energética, centrando su interés en la planificación y evaluación de modelos urbanos y territoriales regenerativos.

María Jesús Such Devesa
Catedrática de Economía Aplicada en el Departamento de Economía de la Universidad de Alcalá. Vicerrectora de Políticas de Responsabilidad Social y Extensión Universitaria (2018-2022) y directora del Grupo de Trabajo de Cooperación de la Comisión Sectorial CRUE-Internacionalización y Cooperación (2019-2022).

Investigadora del Instituto Universitario de Análisis Económico y Social (IAES). Es coordinadora del Grupo de Investigación Análisis del Sector Turístico e Innovación (ATURI) y miembro del Grupo de Investigación Responsabilidad Social y Sostenibilidad (SOCIRESS). Ha liderado la Cátedra One Shot Hotels para la innovación turística, así como coliderado la Cátedra Guadalajara

Destino Turístico Inteligente y la Cátedra ENGIE de Sostenibilidad, Cambio Climático y Transición Energética.

Natalia Usach
Doctora por la Universidad de Alcalá en Economía y Gestión Empresarial, Magister en Administración y Gerencia Pública (INAP-UAH) y licenciada en Ciencia Política y Administración Pública (Universidad Nacional de Cuyo, Mendoza, Argentina).

Desde 2008, es profesora e investigadora en la Facultad de Ciencias Económicas de la Universidad Nacional de la Patagonia San Juan Bosco (Chubut, Argentina), donde dirige el Grupo de Investigación sobre Territorio, Economía y Políticas Públicas (GITEP). Es también investigadora colabora en el Instituto Universitario de Análisis Económico y Social (IAES). Sus líneas de trabajo se despliegan en el campo de la política y la economía urbana y regional, con especial preocupación por las transformaciones socio productivas, sus impactos espaciales, los factores y condiciones de crecimiento urbano y regional en la Patagonia argentina y las políticas de desarrollo territorial.